On tourne!

On tourne!

French Language and Culture through Film

Véronique Anover and Rémi Fournier Lanzoni

GEORGETOWN UNIVERSITY PRESS / WASHINGTON, DC

The publisher is not responsible for third-party websites or their
content. URL links were active at time of publication.

Library of Congress Cataloging-in-Publication Data

Names: Anover, Véronique, author. | Fournier-Lanzoni, Rémi,
author.
Title: On tourne!: French Language and Culture through Film/
Véronique Anover and Rémi Fournier Lanzoni.
Description: Washington, DC: Georgetown University Press,
2020. | Includes index.
Identifiers: LCCN 2019009098 (print) | LCCN 2019018323
(ebook) | ISBN 9781626167384 (ebook) | ISBN
9781626167377 (pbk.: alk. paper)
Subjects: LCSH: French language—Textbooks for foreign
speakers—English. | Motion pictures—France. | Motion
pictures—French-speaking countries.
Classification: LCC PC2129.E5 (ebook) | LCC PC2129.E5 A57
2020 (print) | DDC 448.2/421—dc23
LC record available at https://lccn.loc.gov/2019009098

∞   This book is printed on acid-free paper meeting the
requirements of the American National Standard for Permanence
in Paper for Printed Library Materials.

21 20   9 8 7 6 5 4 3 2   First printing

Printed in the United States of America.

Cover design by Jim Keller.
Interior design by Steve Kress.
Composition by click! Publishing Services.

TABLE DES MATIÈRES

On tourne! is an advanced French method that can be used in two different ways: either as a stand-alone textbook for an advanced French conversation or film course, or, alternatively, as an accompaniment in an advanced conversation course, a composition course, or a contemporary culture course. Through film, *On tourne!* presents pragmatics in order to highlight social language use and avoid miscommunications. Our approach is truly communicative as our activities foment negotiation of meaning in the target language. The films selected in this book present contemporary issues from France and the francophone world, which students may identify with themselves.

On tourne! pays particular attention to understanding French pragmatics through the cultural context and plotlines of the selected films. The central goal is for students to comprehend (both linguistically and culturally) the stories, the characters, and the intricacies of the situations presented in the films by fostering critical thinking and cross-cultural comparisons. In addition, *On tourne!* engages today's learner with technology to enhance and facilitate language use.

Based on the *ACTFL World Readiness Standards for Learning Languages* and building from students' intermediate language abilities, *On tourne!* aims to:

- Strengthen students' communication skills (interpersonal, interpretative, and presentational) to enable them to effectively, appropriately, and sensitively interact with native speakers and texts in a variety of contexts.
- Deepen students' understanding of French speakers and their cultures through a cross-cultural analytic approach, paying specific attention to pragmatics.
- Actively engage students in real-life situations based on the themes presented in the films in order to foster understanding for French speakers, their cultures, and their social situations.

Chapter Content

- **Synopsis**: Provides a brief movie summary in French.
- **Avant le visionnement du film**: Prepares students for what they may encounter in the movie; asks students inductive questions about the plot and the main characters based on the movie poster; provides vocabulary with French synonyms and in context.
- **Pendant le film**: Helps students understand essential scenes and the main action of the film through true-or-false and matching exercises that pair scenes from the movie with dialogue extracts.

- **Après le visionnement du film**: Promotes critical thinking about the plot and a reflection about cross-cultural situations. Characters are analyzed and contrasted. Students are asked to reflect, in written and oral forms, on particular scenes and dialogues as well as targeted themes. This section incorporates TELL practices (Technology Enhanced Language Learning), allowing students to create visuals and audiovisuals that capture their understanding. This provides a new environment to use the lexis that they have learned.
- **Notes grammaticales**: Focuses on a particular complex grammatical structure used in a film that serves as a review.
- **Pas de faux pas!**: Students see how language is used socially in specific situations. This section introduces students with pragmatics to avoid miscommunications and cultural faux pas.

Features

- The thirteen films included in *On tourne!* are all contemporary and were released between the years 2010 and 2016.
- The *Instructor's Manual* includes annotations, teaching tips, answer keys to the activities, and strategies, as well as links to websites to use with activities in the main text.
- The textbook contains comprehensive lists of modern French lexicon and slang.

ACKNOWLEDGMENTS

We would like to thank the staff members of Georgetown University Press who have provided support and guidance throughout this long process and in particular Clara Totten, Acquisitions Editor, who immediately recognized the value of this book project. We are also indebted to editorial, design, and production manager Glenn Lisa Saltzman; assistant director Hope LeGro; copyeditor Perrine Pavillard-Pitts; cover designer James Keller; text designer Steve Kress; and compositor Matthew Williams at click! Publishing Services.

This book would not have been possible without the financial support of our respective institutions. At Wake Forest University, we thank the Department of Romance Languages, the office of the Dean, the office of Global Affairs, and the office of the Provost for their substantial financial support. We express our sincere gratitude to the staff of the Wake Forest University library—Mary Reeves, Lauren Corbett, and Charles Bombeld—who diligently provided audiovisual materials. We are indebted to several offices and committees at California State San Marcos for their support: University Professional Development; the College of Humanities, Arts, Behavioral and Social Sciences; the office of Service Learning; and the Sabbatical Leave Committee. We worked together on several different phases of the *On Tourne!* project, and without this joint effort, our tasks would have undoubtedly been more difficult.

We are grateful to all of our respective colleagues who have provided a collegial and supportive atmosphere, as well as all of the external readers whose academic reviews contributed to the quality of this book. Our deepest thanks go to our colleague Fernando Pardo, professor of French at Salem College, who used several sample chapters with his Intermediate French II—French Conversation Through Film class and whose students provided invaluable feedback (Khadija Bangura, Samantha Blazejack, Demetria Boyce, Catherine Confer, Allyson Dev, Sarah Hall-Matson, Sarah Kearns, Abby Mullis, Skylar Parker, Leah Polk, Sandra Reyes, and Mary Kathryn Thompson). Many thanks to Zahra Samir, professor of Arabic and French at Cal State San Marcos, for her recommendations on francophone films, in particular *Rock the Casbah*. Professor Samir's insight was instrumental in our choices for the francophone film titles.

We cannot forget Jean-Jacques Fournier for his thorough proofreading, especially at the early stages of our project. We are very grateful to the support of our own families—our individual boys for their patience and understanding when their parents were busy writing and our significant others for allowing *On tourne!* to steal away our time with them.

Finally, thank you to our students at Wake Forest and at Cal State San Marcos. We wrote this book with you in mind. Your questions and your comments in our classrooms have inspired our activities, the themes we selected for our chapters, the movies we chose, and the grammar we decided to review. We hope that you will enjoy using our book as much as we have enjoyed writing it.

CHAPITRE PRÉLIMINAIRE

Le monde du cinéma n'est pas toujours simple à comprendre, surtout si l'on n'est pas un véritable initié. Ce chapitre préliminaire offre bien plus qu'un simple glossaire spécialisé. Avec ses traductions en anglais, simples et pédagogues (afin d'éviter d'éventuels malentendus par de longues définitions abstraites), il permet d'aider les lecteurs à mieux comprendre le métier du cinéma ainsi que son vaste domaine artistique et culturel, de faciliter la compréhension de tous les termes, sans que les étudiants n'aient à quitter le manuel *On tourne!*

Petit Glossaire du Cinéma

La présente liste de vocabulaire n'a pas pour ambition première de couvrir l'intégralité du lexique de la cinématographie, mais plutôt de proposer un aperçu pratique aux étudiants qui s'apprêtent à étudier le cinéma français en cours. C'est donc la qualité des contenus qui prime, et non la densité de mots-clés! Afin d'améliorer leurs connaissances en termes d'appréciations visuelles, mais aussi d'expressions orales et écrites, voici les termes filmiques les plus utilisés dans l'industrie du cinéma français aujourd'hui. Qu'ils soient présents sur un plateau, ou sous la plume des critiques de cinéma, ces termes leur seront utiles aussi pour les compositions, discussions et présentations en classes.

Les Genres

Le biopic	Biopic
La comédie	Comedy
La comédie musicale	Musical
Le documentaire	Documentary
Le drame	Drama
Le film d'animation, le dessin animé	Animation, cartoon

Le film d'art et d'essai	Arthouse
Le film d'aventures, d'action	Adventure, action
Le film de cape et d'épée	Cloak and dagger
Le film érotique, pornographique	Erotic, pornographic
Le film de guerre	War
Le film historique	Historical drama
Le film d'horreur ou d'épouvante	Horror
Le film muet	Silent film
Le film policier, le polar	Crime, noir
Le film de science-fiction	Science fiction
Le film à suspense, le thriller	Suspense, thriller
Le mélodrame	Melodrama
Le péplum	Sword and sandal, peplum
Le western	Western

La Cinématographie

Le cadre	Frame
Le champ de la caméra	Camera range
La composition	Composition
Le contraste	Contrast
Le contre-champ	Reverse angle
Le contre-jour	Backlight
Le décor naturel	Natural setting
Les effets spéciaux	Special effects
Le flash-back/flash-forward	Flashback, flash-forward
Le fondu au noir, l'enchaîné	Fade to black, Fade out
Le gros plan	Close-up
Le hors champ	Off-screen
Le jump cut	Jump cut
La lumière, la luminosité	Lighting
Le noir et blanc/la couleur	Black and white, color
L'objectif	Lens
Le plan d'ensemble	Long shot
Le plan moyen	Medium shot
Le plan panoramique	Panoramic shot
Le plan rapproché	Close-up
Le plan séquence	Sequence shot
La prise	Take
Le ralenti	Slow motion
Le travelling	Traveling shot

Le Son

La bande-son	Soundtrack
Le bruitage	Sound effects
Le doublage	Dubbing
La musique	Musical score
La voix off	Voice-over
La postsynchronisation	Post-synchronization

La Production

La bande annonce	Trailer
Le décor	Set design
La distribution	Cast
Le générique	Credits
Le long/court métrage	Feature-length film, short film
Le maquillage	Makeup
Le montage	Editing, montage
Le plateau	Set
Tourner un film	Shoot a film
Jouer	Play
Le scénario, les dialogues	Screenplay
La scène	Scene
La séquence	Sequence
Les sous-titres	Subtitles
Le story-board	Storyboard

Les Professions du Cinéma

L'acteur, l'actrice, l'interprète	Actor, actress
L'auteur/l'auteure	Writer
Le/la caméraman	Camera operator
Le cascadeur/la cascadeuse	Stuntman, stuntwoman
Le/la cinéaste, le réalisateur/la réalisatrice	Director
Le costumier/la costumière	Costume designer
Le/la critique	Critic
Le décorateur/la décoratrice	Set designer
Le/la figurant/e	Extras
Le personnage	Character
Le réalisateur/la réalisatrice	Film maker
Le producteur/la productrice	Producer
Le spectateur/la spectatrice	Spectator
Le/la scénariste	Screenwriter
La vedette, la star (f)	Star

Exercice 1. Mes habitudes

Quelles sont vos habitudes quand vous regardez un film ? Il est essentiel de connaître ses propres motivations avant de regarder un film. Alors quelles sont vos préférences en termes de cinéma ? Voici quelques questions importantes à considérer alors que vous vous apprêtez à étudier les films de ce manuel. Répondez aux questions et comparez vos réponses avec vos camarades.

1. Êtes-vous un/e cinéphile ? Quelle est la définition de la cinéphilie selon vous ?
2. Quel(s) genre(s) de film aimez-vous ? Les films d'épouvante, les drames, les polars, les comédies, les films romantiques ? Pourquoi ?
3. Quels genres de film n'aimez-vous pas ? Pourquoi ?
4. Aimez-vous aller seul(e) ou en groupe au cinéma ? Pourquoi ?
5. Préférez-vous les grandes salles multiplexes ou les petits cinémas de quartier, les salles d'art et d'essai ? Justifiez votre réponse.
6. Aimez-vous les grands classiques, les films cultes ? Pourquoi ?
7. Quel film avez-vous vu plusieurs fois de suite et pourquoi ?
8. Aimez-vous les films commerciaux ? Ou les films politiques ou artistiques ? Pourquoi ?
9. Comment choisissez-vous vos films ? Lisez-vous les critiques auparavant et/ou suivez-vous l'opinion de vos amis ?
10. Quel est votre film préféré ? Pourquoi ?
11. Êtes-vous plutôt attiré(e) par les acteurs à l'affiche ou alors par le réalisateur/la réalisatrice ?
12. Aimez-vous les films en v.o. (version originale avec la présence de sous-titres) ? Pourquoi ?
13. Préférez-vous les films où l'intrigue est facile à suivre ou bien les films dont la trame sollicite la participation du spectateur ? Expliquez votre réponse.
14. En tant que spectateur, qu'est-ce qui vous attire le plus dans le cinéma ?
15. Considérez-vous le cinéma comme un outil culturel et/ou un bien de consommation ?
16. Continuez-vous à aller au cinéma malgré la croissance du streaming sur le net ? Pourquoi ?
17. Vos habitudes envers le cinéma ont-elles changé depuis votre enfance ? Comment ?
18. Êtes-vous déjà allé au cinéma en France ou dans un pays francophone ? Quelles sont vos impressions ?

  Exercice 2. Tes habitudes

Posez à un ou une camarade de classe les questions suivantes pour connaître ses goûts en matière de cinéma. Ensuite renversez les rôles et partagez avec la classe les réponses de votre camarade. N'oubliez pas de vous présenter et d'échanger vos prénoms si vous ne vous connaissez pas !

1. Quel est ton ou ta cinéaste préféré/e ? Pourquoi ?
2. Est-ce que tu suis la vie des stars ? Lesquelles ? Sur quel média ?
3. As-tu une bande-son que tu écoutes souvent ? Laquelle ? De quel film ?
4. Quel film d'après toi a le meilleur maquillage ?

5. Et les effets spéciaux?

6. Est-ce que tu regardes des dessins animés? Lesquels? Pourquoi?

7. Quel est le film qui a eu le plus de suspense? Comment as-tu réagi?

8. Tu as déjà rencontré un acteur ou une actrice connu/e? Où? Comment a été votre rencontre? (Si tu n'en as jamais rencontré, qui aimerais-tu rencontrer? Pourquoi?)

Questions Générales

  Exercice 3. Imbattables! (*Unbeatable!*)

Êtes-vous calés (*Are you good*) en cinéma français? Connaissez-vous les acteurs et actrices français et les films qu'ils ont tournés en France et à l'étranger? Savez-vous quels sont les producteurs de films les plus célèbres? Qu'en est-il des bandes-son en français? Testez vos connaissances! En groupes de quatre, trouvez les réponses aux questions. Le groupe qui réussit à avoir le plus de réponses correctes est le plus fort en question de cinéma!

1. C'est l'actrice qui a joué dans *Braveheart*
   a. Emmanuelle Béart
   b. Juliette Binoche
   c. Sophie Marceau
2. La vedette qui joue dans le film *Le Fabuleux Destin d'Amélie Poulain* est
   a. Audrey Tautou
   b. Cécile de France
   c. Marion Cotillard
3. Gérard Depardieu a joué dans ce film
   a. La famille Bélier
   b. Cyrano de Bergerac
   c. Nikita
4. François Ozon est très célèbre comme
   a. Acteur
   b. Réalisateur
   c. Scénariste
5. La vedette Marion Cotillard a joué dans un film avec
   a. Leonardo diCaprio
   b. Brad Pitt
   c. Matt Damon
6. Quelle bande-son contient de nombreuses chansons françaises?
   a. Le film *A Simple Favor* avec Anna Kendrick et Blake Lively
   b. Le film *Nocturnal Animals* avec Amy Adams et Jake Gyllenhaal
   c. Le film *Widows* avec Viola Davis, Michelle Rodriguez et Elizabeth Debicki
7. Le film *Ne le dis à personne* est
   a. Un film d'aventure
   b. Une comédie
   c. Un polar

8. Qui a remporté l'Oscar du meilleur acteur pour le film *The Artist* en 2012 ?
   a. Daniel Auteuil
   b. Jean Reno
   c. Jean Dujardin
9. Benjamin Millepied est un des chorégraphes les plus connus pour son mariage avec quelle vedette ?
   a. Emma Stone
   b. Natalie Portman
   c. Halle Berry
10. Quel film français a inspiré un film américain (un remake) ?
    a. *Intouchables*
    b. *Qu'est-ce qu'on a fait au Bon Dieu ?*
    c. *Le placard*

GAUMONT presents

A delicious new treat from the producers of **THE ARTIST**

JEAN RENO   MICHAËL YOUN

Le Chef

A culinary comedy by
DANIEL COHEN

★ ★ ★

RAPHAËLLE AGOGUÉ   JULIEN BOISSELIER   SALOMÉ STÉVENIN

PIERRE VERNIER, SANTIAGO SEGURA, GENEVIEVE CASILE SCREENPLAY DANIEL COHEN AND OLIVIER DAZAT ORIGINAL MUSIC NICOLAS PIOVANI PHOTOGRAPHY ROBERT FRAISSE EDITOR GERALDINE RETIF SOUND LUCIEN BALIBAR RYM DEBBARH-MOUNIR JOEL RANGON SFX HUGUES TISSANDIER COSTUMES EMMANUELLE YOUCHNOVSKI STUDIO MANAGEMENT STEPHANE RIOU PRODUCTION MANAGEMENT PHILIPPE DESMOULINS LINE PRODUCER BERNARD SEITZ A FRANCO-SPAIN CO-PRODUCTION GAUMONT TF1 FILMS PRODUCTION A CONTRACORRIENTE FILMS UFILM WITH THE PRODUCTION OF CANAL+ CINE+ IN ASSOCIATION WITH BACKUP FILMS WITH THE SUPPORT OF PROCIREP AND ANGOA EXECUTIVE PRODUCER SIDONIE DUMAS

🌐 iconmovies.com.au 👍 facebook.com/IconFilmDistribution.Au

    **JUNE 14**

Check the Classification

SCAN THIS QR CODE
WITH YOUR SMART
PHONE TO LEARN MORE

Chapitre 1

COMME UN CHEF

 Que représente le poster du film selon vous ? Semble-t-il vouloir dire que le monde de la grande gastronomie est exclusivement réservé aux hommes ?

Synopsis

Jacky Bonnot est un jeune autodidacte amoureux de la gastronomie. Amateur de la haute cuisine, il rêve un jour de pouvoir intégrer un grand restaurant parisien et de s'acheter la tenue de chef de cuisine qu'il voit tous les jours dans une vitrine de magasin. Toutefois il se voit contraint d'accepter des petits boulots de cuistot, car il n'arrive jamais à conserver son poste dû à ses nombreuses extravagances culinaires et son irrésistible tendance à ne pas suivre les consignes qu'on lui donne. Un jour, alors qu'il est en train de repeindre les fenêtres d'une maison de retraite, il croise le célébrissime Alexandre Lagarde, grand chef étoilé dont la situation professionnelle, comme son inspiration, sont mises en danger par le groupe financier propriétaire de ses restaurants. Jugée trop conventionnelle voire démodée, la cuisine d'Alexandre est le centre de toutes les attentions et le défi est le suivant : ou il améliore l'ensemble de son menu, ou il perd une étoile et Stanislas Matter pourra légalement transformer le restaurant Cargo Lagarde en un restaurant de cuisine moléculaire et, par là même, licencier Alexandre et tous les cuisiniers. Mais il n'est pas le seul en situation difficile. Jacky, lui aussi, vit un moment critique dans sa vie. Alors qu'il travaille comme stagiaire non rémunéré, il ment à sa petite amie, qui est enceinte, à propos de la recherche d'un emploi. Elle le découvre en train de mentir et met fin à leur relation.

Les deux virtuoses n'ont que quelques jours pour sauver à la fois leur vie conjugale et leur carrière. Le jour suivant, Jacky et Alexandre commencent à cuisiner ensemble, mais dès le début, la finesse de Jacky et l'entêtement d'Alexandre mènent à de nombreuses querelles. Les voilà bientôt à présenter une émission culinaire pour la télévision sur un marché parisien, mais pendant la première émission les deux se disputent en direct. Arrivés au restaurant, Alexandre fait comprendre à Jacky que c'est lui le chef (le patron), la création reste donc sa prérogative, et qu'ils doivent réinventer des plats raffinés qui relanceront la réputation de l'un et établiront celle de l'autre.

Exercice 1. On se prépare

En groupes, répondez aux questions en préparation du film.

1. Quand vous pensez à la cuisine française, à quoi pensez-vous?
2. La gastronomie, selon les Français, n'est qu'un art comme un autre, c'est l'art de bien manger. Quelle est votre définition de la gastronomie?
3. Le métier de chef de cuisine est prestigieux. Quels sont les aspects positifs de ce métier? Quels en sont les aspects négatifs?
4. Un des chefs les plus célèbres de France s'appelle Paul Bocuse. Il représente la tradition culinaire lyonnaise. A l'aide d'une recherche rapide sur internet, identifiez les principaux moments forts de sa carrière et ses contributions à la gastronomie française.
5. A l'aide d'internet et de sites de diététiques français (comme, par exemple, www.lanutrition.fr), répondez aux questions suivantes à propos de la fameuse pyramide alimentaire.
   a. Combien de fois par jour est-il conseillé de manger des protéines?
   b. Combien de fois par jour est-il conseillé de consommer des glucides?
   c. Quelle quantité de fruits et légumes faut-il manger chaque jour? A quel groupe alimentaire appartiennent-ils?
   d. Pour le lait et les produits laitiers, combien de fois par jour est-il conseillé d'en manger? A quel groupe alimentaire appartiennent-ils?
   e. Les glucides simples sont-ils souvent ou rarement conseillés?
   f. Pour les boissons, combien de verres de vin sont conseillés par jour? Est-ce la même chose dans votre pays?
   g. Trouvez dans la classe des étudiants/étudiantes qui sont végétariens/végétariennes. Combien y en a-t-il? Demandez-leur quelles sont leurs restrictions alimentaires.
   h. Trouvez des étudiants/étudiantes véganes ou végétaliens/végétaliennes. Quelles sont leurs restrictions alimentaires?
   i. Avez-vous des allergies alimentaires? Qu'est-ce que vous ne pouvez pas manger? Pourquoi?

 ## Exercice 2. Les acteurs et les personnages

Regardez le casting et dites si vous connaissez un/une des acteurs/actrices. Si oui, dites dans quel film vous l'avez vu(e) ou pourquoi vous le/la connaissez.

Jean Reno	Alexandre Lagarde	Salomé Stévenin	Amandine
Michaël Youn	Jacky Bonnot	Serge Lariviere	Titi
Raphaëlle Agogué	Béatrice	Issa Doumbia	Moussa
Julien Boisselier	Stanislas Matter	Bun Hay	Mean Chang
Santiago Segura	Juan	Rebecca Miquel	Carole

 **Exercice 3. Le lexique**

Lisez le lexique avant de faire des phrases avec les mots en caractères gras à la fin de la liste.

Un boulot	Un job, un travail
Un cuistot	Un cuisinier
Te fais pas chier (vulgaire)	Ne t'embête pas
Bocuse, je m'en tape!	Je me moque de Bocuse! (célèbre chef lyonnais)
Un pédé (péjoratif et vulgaire)	Un homosexuel
Il te vire	Il te licencie
Un découvert	Ne plus avoir d'argent sur son compte en banque
La vache!	Zut alors!
Il commence à me courir	Il commence à m'ennuyer
Tu fais la tête	Tu es en colère
Je m'en fous	Je m'en moque
Un pinceau	Une brosse
Un cabillaud	Un type de poisson (*cod*)
Être scotché	Être intéressé (être « collé » à l'écran)
La soutenance de thèse	L'examen oral du doctorat
Un CDD	Un contrat à durée déterminée
Vous me gonflez	Vous m'exaspérez
Bander les yeux	Cacher les yeux
Il faut se manier (se magner)	Il faut se dépêcher
Les beaux-parents (m.)	Les parents (m.) de sa femme
Ta gueule! (vulgaire)	Tais-toi!
La cannelle	Une épice (*cinnamon*)
On frotte	On nettoie
Faut qu'on fasse gaffe	Il faut se méfier, faire attention
Je suis cuit	Je suis fini, il n'y a plus d'espoir
T'en as pas marre?	Tu n'en as pas assez?
Un cobaye	Un petit animal, comme un hamster; langage figuré: quelqu'un qui est utilisé pour faire une expérience
La carte vitale	La carte d'assurance maladie
Ringard/e	Vieillot, démodé (m.)
Nase	Nul, bon à rien
Une demande à la noix	Une demande idiote, stupide
Hebdomadaire	Chaque semaine
Un millefeuille	Une pâtisserie
L'épicier (m.) du coin	Un vendeur de fruits et légumes du quartier
Je suis sur le cul (vulgaire)	Je suis surpris et impressionné

Regardez, dans le contexte, quelques mots et expressions du lexique tirés du film. Ensuite, écrivez des phrases avec les mots en caractère gras et comparez-les avec la classe :

a. Jacky à Béatrice quand elle est au restaurant avec ses parents : «Mon amour, je suis désolé, je te demande pardon. Regarde ce que je t'ai fait, ton gâteau préféré, un **millefeuille** au caramel avec des framboises macérées. »

b. Jacky à Alexandre qui lui demande de deviner les ingrédients : «Vous voulez que je me **bande les yeux** ? » Alexandre : «On n'est pas au cabaret là !»

c. Jacky et Béatrice dans la voiture. Béatrice va déposer Jacky à son nouveau travail, à la résidence : «**Fais** pas **la tête** !» Jacky : «Mais je **fais** pas **la tête** !»

d. Béatrice à Jacky quand il a perdu encore un travail : «Attends, Jacky, non, c'est le quatrième resto qui **te vire** ce mois-ci. Comment on va faire avec une seule paie ? »

e. Toujours la même conversation entre Jacky et Béatrice : «**La vache** ! Tu as vu notre **découvert** ? »

Pendant Le Film

 ## Exercice 4. Vrai ou faux ?

Indiquez si les affirmations sont vraies ou fausses.

1. Jacky passe tous les jours devant un magasin de mode.	V	F
2. Jacky travaille comme peintre dans une maison de retraite luxueuse.	V	F
3. Stanislas Matter veut des produits industriels car c'est la nouvelle mode.	V	F
4. Cyril est un chef de cuisine moléculaire.	V	F
5. Les résidents de la maison de retraite aiment la gastronomie.	V	F
6. Alexandre ne fait jamais son marché, il envoie ses assistants à sa place.	V	F
7. Paul est l'oncle de Stanislas Matter.	V	F
8. Alexandre lit la thèse d'Amandine la veille de sa soutenance.	V	F
9. Alexandre fait de la cuisine uniquement pour le plaisir.	V	F
10. Alexandre annonce qu'il ne veut plus continuer comme chef du restaurant car sa carrière est trop stressante pour lui.	V	F

 ## Exercice 5. Questions à choix multiples

Choisissez la bonne réponse d'après ce qui se passe dans le film.

1. Jacky a perdu quatre emplois dans différents restaurants, parce que
   a. Il est trop méticuleux
   b. Il arrive en retard trop souvent
   c. Il ne travaille pas assez vite
2. Stanislas Matter reproche à Alexandre d'avoir un menu
   a. Du siècle dernier
   b. Trop moderne
   c. Pas assez authentique

3. Un jour Jacky aperçoit des cuistots au travail dans une résidence. Il leur donne des conseils
   a. Pour cuire un poisson
   b. Pour assaisonner la blanquette de veau
   c. Pour préparer une tarte au citron
4. Juste avant l'émission télévisée, les deux assistants d'Alexandre lui annoncent leur démission
   a. Car ils ne veulent plus travailler pour lui
   b. Car ils ont eu des offres de Stanislas Matter
   c. Ils ne sont plus d'accord avec ses choix gastronomiques
5. Amandine commande un hamburger au téléphone
   a. Elle adore le fast-food
   b. Elle n'a pas le temps de cuisiner ce jour-là
   c. Elle le fait exprès pour agacer son père
6. Un jour Jacky apporte des fleurs à Béatrice. Pourquoi ?
   a. Car il est éperdument amoureux d'elle
   b. C'est son habitude pour lui annoncer une mauvaise nouvelle
   c. C'est son anniversaire
7. Pour quelles raisons Alexandre et Jacky se disputent-ils sur le plateau télé ?
   a. Jacky refuse de trahir les recettes d'Alexandre
   b. Alexandre trouve Jacky trop lent
   c. Jacky n'est pas bien préparé pour l'émission
8. Stanislas Matter rappelle les conditions du contrat avec Alexandre
   a. S'il perd une seule étoile, il perd son travail et son appartement
   b. S'il perd une seule étoile, il perd uniquement son appartement
   c. S'il perd deux étoiles, il perd son travail
9. Stanislas Matter reproche à Jacky
   a. D'être un peintre et de ne pas savoir cuisiner
   b. De ne pas avoir de diplômes de grandes écoles de cuisine
   c. D'être simplement un mauvais imitateur
10. Le restaurant Cargo Lagarde n'a pas de légumes ni de viande le jour de la présentation du menu de printemps. Pourquoi ?
    a. Stanislas Matter a menacé tous les vendeurs du marché central s'ils vendent à Alexandre
    b. Le restaurant n'a plus les fonds pour acheter de la nourriture de qualité
    c. Il n'y avait pas de camion disponible ce jour-là

 ## Exercice 6. Les expressions françaises et la cuisine

En France, nombreuses sont les expressions, proverbes et autres dictons qui ont un rapport direct avec le monde de la gastronomie. Pour chaque expression ou proverbe, trouvez l'explication qui correspond.

1. C'est du gâteau/Ce n'est pas de la tarte
2. Traîner des casseroles
3. Avoir un bon coup de fourchette
4. Une tempête dans un verre d'eau

a. Etre de mauvaise humeur, bouder
b. Mal parler de quelqu'un
c. S'évanouir
d. Se calmer

5. Mettre de l'eau dans son vin   e. Avoir bon appétit
6. Casser du sucre sur le dos de quelqu'un   f. Avoir une contravention (automobile)
7. La moutarde me monte au nez   g. Etre sans conséquence
8. Tourner au vinaigre   h. Faire du bruit pour pas grand-chose
9. Compter pour du beurre   i. C'est facile/Ce n'est pas facile
10. Mettre du beurre dans les épinards   j. Laisse-moi tranquille
11. Faire sa tête de lard   k. Exagérer
12. Va te faire cuire un œuf   l. Avoir un passé à scandales
13. (Se) prendre une prune   m. Une situation qui tourne mal
14. Tomber dans les pommes   n. Commencer à perdre patience
15. En faire tout un fromage   o. Adoucir son attitude

  Et en anglais, y a-t-il aussi des expressions culinaires idiomatiques? Avec un partenaire, faites une liste et comparez-la avec la classe. Par exemple, *This movie is very cheesy! The goalie on my son's team is as cool as a cucumber!*

On Tourne!

 ## Exercice 7. Le bon ordre

Avec un ou une camarade de classe, écrivez et mettez les images en relation avec les dialogues qui correspondent. Pour chaque photo du film dans la première colonne, trouvez la phrase qui va avec, dans la troisième colonne. Notez dans la deuxième colonne quel personnage l'a dite dans le film. Pour ceci, essayez de vous rappeler dans quelle circonstance, à quel moment, pourquoi, etc.

1.		a. Quelle coïncidence... mon chef me quitte à la fin du mois.
2.		b. Vous êtes Alexandre Lagarde?
3.		c. Mais toi, va voir le reste de la planète!
4.		d. Plumez-moi ça!
5.		e. Vous pensez être un chef parce que vous refaites des recettes?

6.		f.	Tu fais la cuisine pour ton plaisir. Un professionnel ça le fait en pensant aux autres.
7.		g.	Vous pouvez m'appeler Brian ?
8.		h.	Pourtant j'ai l'impression de vous avoir déjà vus ?
9.		i.	Vous croyez que j'étais trop dure avec lui ?
10.		j.	Vous commencez à me gonflez tous bien comme il faut !

Après Le Visionnement Du Film

 Exercice 8. On discute

En groupes, répondez aux questions sur le film.

1. Regardez le générique avant que le film ne commence et commentez son originalité et le choix du vocabulaire : « Son assaisonné de..., Costumes effilés par..., Étuvé par le Directeur..., Émulsionné et produit par..., etc. »
2. Discutez entre vous les relations entre Jacky et Béatrice, Jacky et Alexandre, Alexandre et sa fille, Amandine. A quel aliment vous fait penser le prénom d'Amandine ? En quoi est-il symbolique ?
3. Quel est le rôle de Stanislas dans le film ? Pourquoi veut-il mettre Cyril à la place d'Alexandre au Cargo Lagarde ?
4. D'après le film de quoi s'occupent les chefs de cuisine ? Seulement de faire de la cuisine ? Croyez-vous qu'être chef soit un travail facile ou difficile ? Pourquoi ?
5. Dans le film on parle de menu et de carte (la carte de printemps). Décrivez la différence entre les deux. Et quelle est la différence entre une entrée et un plat principal ?
6. Jacky est vraiment passionné par son métier. Comment le sait-on ?
7. Le film se moque de la cuisine moléculaire. Qu'est-ce que la cuisine moléculaire ? Et la cuisine traditionnelle ? Et la cuisine du terroir ?

8. Décrivez les plats moléculaires suivants: des mousses de radis phosphorescentes, des entrecôtes effervescentes, des glaçons de poulet de Bresse (Bresse est une région). Vous semblent-ils appétissants? Pourquoi?

9. Comparez le restaurant de Cyril Boss et le restaurant Cargo Lagarde. Lequel préférez-vous? Pourquoi?

10. Il y a des scènes très comiques, laquelle vous a fait le plus rire? Pourquoi? Comparez vos réponses.

11. Jacky est capable de discerner les ingrédients dans les plats et les casseroles en utilisant le goût et l'odorat. Et vous? Pouvez-vous deviner une recette grâce au goût ou à l'odorat?

12. Alexandre est séparé ou divorcé et il habite avec sa fille. Jacky fait référence à l'Alexandre d'avant Charlotte (son ex-femme) et l'Alexandre d'après Charlotte. Pourquoi? Comment a-t-il changé? En quoi cette séparation l'a affecté?

13. Quels rôles jouent Titi, Moussa et Chang (les trois cuisiniers de la résidence)? Comment les trouvez-vous?

 Exercice 9. On rédige

Traitez un ou plusieurs sujets au choix. N'oubliez pas de justifier vos arguments et vos opinions, et de donner des exemples.

1. On parle d'art culinaire. Est-ce que la cuisine est un art? Pourquoi? Justifiez votre réponse.

2. Est-ce que la gastronomie vous intéresse? Est-ce que vous appréciez la bonne cuisine? Y a-t-il des restaurants prestigieux et des chefs connus dans votre ville? Y êtes-vous allés? Et quelles ont été vos impressions? Regardez-vous des émissions culinaires à la télévision? Pourquoi? Est-ce que la gastronomie et la nutrition sont importantes pour vous? Faites-vous attention à ce que vous mangez? Expliquez.

3. Pensez-vous qu'il est-il difficile de concilier la passion professionnelle avec la vie personnelle? Par exemple, pour Alexandre il est difficile d'être avec sa fille alors qu'elle a besoin de lui, et la femme de Jacky le quitte parce qu'il lui a menti, mais il lui a menti pour réaliser son rêve le plus important: devenir chef de cuisine. Comment faire pour trouver un équilibre?

4. Dans le film on voit que l'amour est une source d'inspiration. Êtes-vous d'accord? Comment l'amour peut-il inspirer au-delà des simples sentiments?

  Exercice 10. On réagit

Avec un ou une camarade de classe, écrivez vos réactions sur ces dialogues à double sens, ou humoristiques, ou, au contraire, tragiques du film. Pourquoi, à votre avis, sont-ils significatifs? Quels commentaires et quels sentiments vous inspirent-ils? Analysez-les et comparez vos analyses avec la classe.

1. Béatrice et Jacky sont dans la voiture, en route pour la résidence où Jacky va travailler comme peintre :

    BÉATRICE : Fais pas la tête !

    JACKY : Mais je fais pas la tête !

    BÉATRICE : C'est toi qui as dit que tu prendrais n'importe quoi.

    JACKY : Je vais le faire, hein ? C'est juste un travail pour six mois.

    BÉATRICE : Ouais, tu vas voir, ça va passer super vite.

    JACKY : Allez, bonne journée ! Tu sais quoi, je crois même que je vais me plaire ici.

2. Jacky à la fenêtre de la cuisine de la résidence parle aux cuisiniers qui regardent l'émission d'Alexandre :

    JACKY : Il est bizarre Alexandre. Il mettait pas d'oignons dans ses recettes. S'il en met, c'est qu'il est pas sûr de lui. Il doit avoir un problème de travail ou de femmes.

    UN DES CUISINIERS : Tu le connais ?

    JACKY : Ah ! Par cœur ! Quand j'étais fauché, je piquais (*steal*) ses livres de cuisine pour me les offrir à moi-même, alors...

3. Jacky est dans la cuisine d'Alexandre pour la première fois, et Alexandre lui demande de deviner les ingrédients en les goûtant et en les sentant ; Jacky sent que les aubergines sont trop grillées :

    ALEXANDRE : Il a raison, elles sont trop grillées ces aubergines... Mais combien de fois je dois vous dire que c'est susceptible une aubergine, qu'il faut pas lui faire de la peine, qu'il faut pouvoir la regarder dans les yeux. [...] (A Jacky) Évidemment, vous n'auriez pas fait cette erreur vous !

    JACKY : Non, chef, j'aurais entendu l'aubergine crier.

    ALEXANDRE : Jacky, c'est l'homme qui murmure à l'oreille des légumes !

    JACKY : Et qui les écoute aussi, c'est important.

    ALEXANDRE : Et qu'est-ce qu'elle vous dit cette carotte ?

    JACKY : Râpez-moi ! Apparemment, elle voudrait qu'on la râpe !

4. Dialogue entre Jacky et Alexandre, où Jacky lui parle du départ de sa femme, Charlotte :

    JACKY : [...] je préfère honnêtement l'Alexandre d'avant le départ de Charlotte.

    ALEXANDRE : Charlotte ? Mon ex-femme ? Mais qu'est-ce qu'elle vient faire là-dedans ?

    JACKY : Depuis qu'elle est partie, vos sauces stagnent. Personne ne va vous le dire, mais vos sauces font du surplace.

    ALEXANDRE : Mais Charlotte n'a rien à voir avec mes fonds de bouillon !

5. Commentaire de Stanislas qui voit Jacky mentir à sa femme en lui disant qu'il est pris dans des embouteillages, mais cette dernière découvre son mensonge en le voyant sur l'écran dans la cuisine d'Alexandre : Dis donc, c'est un champion ton gars. Avec lui, c'est des étoiles filantes. Elles s'en vont, elles ne restent pas. Elles sont filantes. Au revoir les étoiles !

6. Juan Castelá, le chef de cuisine moléculaire espagnol arrive chez Alexandre, dans sa cuisine :

    JUAN : D'abord Señor Lagarde, je vais goûter votre cousine*.

    ALEXANDRE : Ma cousine ?

    *Note : Juan est espagnol et par conséquent a un accent espagnol quand il parle français.
    En général, il est difficile pour les Espagnols de bien prononcer le « u » français, car cette voyelle est prononcée par les Espagnols comme le son « ou » français (d'où le jeu de mot cousine/cuisine).*

Exercice 11. On analyse

En groupes de quatre à cinq, dites pourquoi ou en quoi ces scènes sont significatives. Discutez de l'humour, l'ironie, les jeux de mots, etc.

1. Première scène du film où Jacky décide du vin que va boire la table huit et avec quels plats ils vont le boire. Il est renvoyé juste après.
2. Scène où Jacky entre dans la cuisine de la résidence par la fenêtre, habillé en peintre avec une combinaison blanche, un pinceau et des lunettes de protection.
3. Scène où la fille d'Alexandre, Amandine, vient dire à son père qu'elle va présenter sa soutenance de thèse et lui demande s'il va venir. Alexandre est au téléphone et doit partir. Amandine commande un hamburger par téléphone.
4. Scène où Jacky se fait appeler Bryan à l'émission d'Alexandre et les cuisiniers de la résidence regardent l'émission, surpris.
5. Scène où Titi, Moussa et Chang mangent les plats moléculaires de Juan.
6. Scène au restaurant de Cyril Boss où Alexandre et Jacky se font passer pour un couple de Japonais.

Exercice 12. A vous de tourner !

1. En groupes, cherchez quel est le prestige des étoiles pour un restaurant. Quel est le maximum d'étoiles que peut recevoir un restaurant ? Qui donne des étoiles ? Comment sont-elles décernées ? Quels sont les critères et les méthodes ? Pour vous aider, lisez cet article paru sur le site du Point le 28 octobre 2015. Faites une recherche sur internet avec les mots clés sur **comment décrocher une étoile au Michelin** (vous pouvez aussi trouver le lien à la fin du chapitre).
2. Cherchez quels sont les restaurants les plus étoilés de l'année sur le guide Michelin. Quels sont leurs prix ? Et les avis des clients ? Quel genre de cuisine offrent-ils ? Quelle est la région en France qui a le plus de restaurants étoilés ?

   En groupes, allez sur la page web du restaurant Le Cinq à Paris, www.restaurant-lecinq.com, au sein de l'hôtel Four Seasons, un restaurant trois étoiles, et répondez aux questions.

   Cliquez sur l'Univers du Cinq :

   a. Comment est la cuisine du chef ?

   Cliquez sur Carte et Menus :

   b. Quels sont les menus et combien coûtent-ils ?

   c. Quel est le plat le plus cher sur la carte ? Le commanderiez-vous ? Pourquoi ?

   Cliquez sur Les Équipes du Cinq et allez sur La Brigade :

   d. Combien de femmes y a-t-il ? Est-ce que cela vous choque ? Pourquoi ?

   Cliquez sur La Cave du Cinq :

   e. Regardez la vidéo et dites combien de bouteilles avait la cave au début et combien elle en a maintenant ?

   f. Que s'est-il passé pendant l'occupation allemande ?

   g. Quelle est l'originalité de la cave ? Et à combien de mètres de profondeur est-elle construite ?

Cliquez sur Instagram :

    h. Commentez les photos : le dressage des tables, les fleurs, la décoration. Pouvez-vous distinguer les aliments qu'il y a dans les plats ? Comment sont-ils servis ?

  3. En groupes, cherchez des restaurants trois étoiles en France et présentez-les à la classe : leurs spécialités, les chefs, la décoration du restaurant, la cave, etc.

Notes Grammaticales

 Exercice 13. Les articles

Dans le film les personnages emploient des articles partitifs, ou des articles définis ou indéfinis, pour parler de plats, d'aliments, du menu ou de la carte. Expliquez la différence entre les articles définis (le, la, les, l') et les articles partitifs (du, de la, des, d') et les articles indéfinis (un, une, des, d') :

a. La huit [la table huit], ils avaient pas demandé **la** blanquette de veau ?
b. Avec **de la** blanquette de veau, on prend **un** blanc sec.
c. Vous préférez **le** [vin] rouge ?

a. Je voudrais **une** entrecôte frite.
b. C'est servi avec **des** frites ?
c. C'est accompagné **de** betteraves.

a. Donnez-moi **la** vanille.
b. Comment vous le servez **le** cabillaud ?
c. Dans **de l'**eau salée.

a. J'aime pas **le** cabillaud.
b. On vous prend tout : **les** légumes, **les** fruits, **le** fromage, **les** tomates, **les** ananas, **le** riz [...].
c. J'ai mis **du** fromage dans **l'**omelette.

a. Il mettait pas **d'**oignons dans cette recette.
b. Je voudrais **un** double cheeseburger et **un** Coca.
c. Comment peut-on faire pour que **les** fruits confits ne tombent pas dans **la** pâte crue **du** cake ?

 Exercice 14. La négation

Maintenant mettez les phrases suivantes à la forme négative.

a. Je voudrais des œufs à la truffe.

_____

b. J'aime le vin blanc sec.

_____

c. Je mange une tranche de cake.

_____

d. J'ai des légumes.

_____

e. Je vais prendre du fromage.

_____

Vous rappelez-vous de la règle grammaticale ? Dites-la à la classe.

 ## Exercice 15. Goûts personnels

Et vous, quel est votre plat préféré ? Quel est l'aliment que vous ne mangez jamais ? Pourquoi ?
Qu'est-ce que vous commandez fréquemment au restaurant ? Qu'est-ce que vous ne commandez
jamais ? Pourquoi ? Comparez vos réponses.

 ## Exercice 16. Imaginez

Complétez les phrases de façon logique, d'après ce qui se passe dans le film. Comparez vos
phrases et faites attention aux articles !

Alexandre déteste...
Jacky adore...
Avant sa soutenance, Amandine mange...
Béatrice fâchée, lance au visage de Jacky...
Comme Béatrice est enceinte elle ne peut pas boire...
Dans la cave, Alexandre et Jacky boivent...

Pas De Faux Pas !

  ## Exercice 17. Les expressions culinaires

Dans le film les personnages utilisent de nombreuses expressions culinaires. Ce sont des
expressions spécialisées qui s'utilisent dans le contexte de la préparation de plats ou la cuisson
d'aliments. Voici quelques expressions culinaires qui ont été utilisées dans le film. En groupes,
trouvez leur sens dans la colonne de droite. Ensuite, comparez vos réponses avec la classe.

1. La **cuisson** de la viande doit être **à point**.	a. uniform/crew
2. Il faut **plumer** le canard.	b. medium/done
3. Il faut **bouillir** le poisson.	c. smell
4. Le poisson dans de l'eau salée va perdre tout son **goût**.	d. grate
5. Vous **sentez** quoi [dans les casseroles] ?	e. pluck
6. La carotte voudrait qu'on la **râpe**.	f. boil
7. Charlotte n'a rien à voir avec mes **fonds de bouillon**.	g. peel/slice/blanch

8. Regardez **la robe** [du vin]. **Sentez-moi ce nez** [du vin].

9. Chang tu m'**épluches** les carottes, Moussa tu m'**éminces** les échalotes, Titi tu me **blanchis** les légumes.

10. Tu viens m'acheter ta **tenue de chef**? Et pour ta **brigade** aussi?

h. stock, broth
i. taste
j. appearance/texture/smell

 ## Exercice 18. Faim et soif

Regardez les expressions suivantes qui sont utilisées pour exprimer la faim ou la soif. Faites des phrases avec ces expressions. En connaissez-vous d'autres en français qui sont empruntées du langage culinaire ou qui s'utilisent pour exprimer la faim ou la soif? Comparez vos réponses avec vos camarades.

- avoir une faim de loup
- être sec (sèche)
- avoir un petit creux (au ventre)
- manger comme quatre
- casser la croûte

Les Liens Internet

Site diététique : www.lanutrition.fr
Article : www.santenatureinnovation.com/10-gros-mensonges-sur-la-nutrition
Article : www.strengthfighter.com/2014/03/10-gros-mensonges-sur-la-nutrition.html
Article : www.lepoint.fr/privileges/gastronomie/gastronomie-comment-decrocher-une-etoile-au
    -michelin-28-10-2015-1977382_2585.php
Site web : www.restaurant-lecinq.com

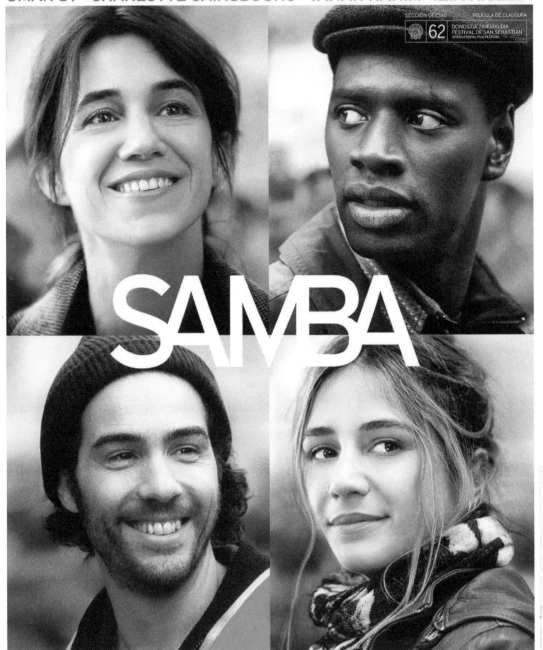

Chapitre 2

SAMBA

 Regardez l'affiche du film et essayez de deviner l'origine des quatre protagonistes. D'où croyez-vous qu'ils viennent ? Qu'expriment les expressions de leurs visages ? Pourquoi ?

Synopsis

Samba est originaire du Sénégal et vit en France depuis dix ans chez son oncle, travaillant au noir grâce à des petits boulots comme plongeur dans de grands restaurants. Suite à une promesse d'embauche de son employeur, il décide de demander une carte de séjour auprès de la préfecture. C'est alors que l'administration découvre que ses papiers de résidence ne sont pas en règle et en conséquence, il est placé dans un centre de détention avec d'autres migrants illégaux. Alors qu'il est sur le point d'être expulsé, il rencontre la timide Alice, membre bénévole d'une association d'aide aux travailleurs immigrés sans papiers dans leur démarche juridique, qui essaie par tous les moyens d'obtenir sa régularisation. Elle-même connaît un moment difficile dans sa vie, car elle tente de se reconstruire par le bénévolat dans l'action sociale (elle était une cadre supérieure d'une société de recrutement et épuisée par un burn-out dans son travail). Une réfugiée du monde des affaires, elle se trouve dans une position similaire à celle de Samba : déplacée de son environnement, elle doit apprendre une nouvelle vie. Manu, sa collègue qui la forme à son nouveau travail, la met en garde de ne jamais donner son téléphone et adresse personnelle, sous aucun prétexte, et surtout de rester détachée face au malheur des migrants et du cauchemar bureaucratique que représente l'immigration illégale en France. Sans le vouloir, Alice va briser toutes ces règles lors de la première réunion et ressentir immédiatement de la compassion pour Samba. Un jugement est prononcé et le jeune homme doit quitter le territoire français immédiatement par ses propres moyens. Une fois libéré, celui-ci décide comme des milliers d'autres immigrés dans sa situation, de rester illégalement en France en optant pour la clandestinité. Pour cela, il doit rester très discret et surtout ne pas se faire repérer par les autorités françaises ni se faire arrêter par la police. Samba continue à vivre modestement dans la capitale en obtenant des petits boulots et rencontre un jour Wilson, un sans-papiers algérien se faisant passer pour un Brésilien, qui lui apprend à survivre de la débrouille. Celui-ci connaît bien les astuces de l'immigration et lui trouve des petits boulots. Ils travaillent dans la construction, lavent les fenêtres de gratte-ciel et de leur amitié naît une entraide qui va les sortir de leur morosité.

Avant Le Visionnement Du Film

 ### Exercice 1. On se prépare

En groupes, répondez aux questions en préparation du film.

1. Le film parle de l'immigration en France. Connaissez-vous d'autres films qui parlent de ce sujet-là? (Immigration en France ou dans d'autres pays.)
2. Est-ce que les films ou documentaires que vous avez vus sur le sujet de l'immigration ont suscité de nouvelles réflexions? Est-ce qu'ils ont fait naître de nouvelles idées en vous?
3. Dans votre pays, y a-t-il une forte présence de l'immigration? En provenance de quels pays?
4. À votre avis, pourquoi le sujet de l'immigration est-il de plus en plus important au niveau politique et médiatique?
5. Le film parle de l'ambiguïté de la société française à dépendre d'une main-d'œuvre immigrée bon marché pour les emplois difficiles et mal payés. Qu'en pensez-vous? Est-ce la même chose dans votre pays?

 ### Exercice 2. Les acteurs et les personnages

Regardez le casting et dites si vous connaissez un/une des acteurs/actrices. Si oui, dites dans quel film vous l'avez vu(e) ou pourquoi vous le/la connaissez.

Omar Sy	Samba Cissé
Charlotte Gainsbourg	Alice
Tahar Rahim	Wilson
Izïa Higelin	Manu
Hélène Vincent	Marcelle
Liya Kebede	Magali
Clotilde Mollet	Josiane
Isaka Sawadogo	Jonas
Jacqueline Jehanneuf	Maggy

 ### Exercice 3. Le lexique

Lisez le lexique avant de faire des phrases avec les mots en caractères gras à la fin de la liste.

Un congé	Période de repos ou de vacances, quand on ne travaille pas
Une asso	Une association
Gare-toi là!	Gare ta voiture ici!
Un numéro perso	Numéro de téléphone personnel

Faire la plonge/travailler comme plongeur	Faire la vaisselle dans un restaurant
Une promesse d'embauche (f.)	Une promesse d'un contrat de travail
La préfecture	L'administration pour régulariser les étrangers en France
Se faire embarquer	Se faire arrêter par la police
Somnifères (m.)	Pilules (f.) pour dormir
Il est en règle	Il est légal
Les coordonnées (f.)	Les informations (f.) de contact
Bulletins (m.) de salaire (m.)	Documents (m.) mensuels de salaire
Des renseignements (m.)	Des informations (f.)
Des aventures (f.)	Des conquêtes (f.) amoureuses, le plus souvent superficielle et sans lendemain
Une descente de la police	Une arrestation de la police
Mannequin (m.)	Top model
Subvenir aux besoins de sa famille	Soutenir financièrement sa famille
OQTF	Obligations de Quitter le Territoire Français
Une chevalière	Une bague que portent les hommes
Barbès	Quartier de Paris à forte présence d'immigrants
Il me regarde de travers	Il n'est pas content avec moi
Le loyer	Le coût mensuel du logement
Fainéant	Paresseux
Vous m'en voulez pas ?	Vous n'êtes pas fâché/e avec moi ?
Des blagues (f.)/Je blague	Plaisanteries (f.)/Je plaisante
Le gardiennage	La surveillance (de magasins, par exemple)
Le coup de foudre (f.)	Tomber amoureux
Dissiper les malentendus (m.)	Clarifier les mésententes (f.)
Burn-out	Grosse fatigue (mot anglais)
Fracasser	Casser
Peint à la gouache	Une peinture à l'eau
Un raté	Un looser
Ton imper	Ton imperméable
La pub	La publicité
Une connerie	Une bêtise
Je rigole	Je plaisante
Meilleure mine	Avoir une meilleure apparence
Stagiaire	Personne (souvent étudiant/e) qui travaille à durée limitée pour gagner de l'expérience
Plomber l'ambiance (f.)	Casser la bonne humeur
Salope (f.)	Insulte pour une femme
Chou blanc	Sans succès (expression idiomatique)
Le boulot	Le travail
Je m'en veux	Je suis en colère avec moi-même
Tu es un cachotier	Tu gardes des petits secrets

Les babouches (f.)	Chaussures (f.) du Maghreb
Le tri	La sélection des ordures ménagères
Les cachets (m.)	Les pilules (f.), les médicaments (m.)

Mots d'argot

Grouille!	Dépêche-toi!
Galérer	Avoir peu de succès
Se magner/se manier	Se dépêcher
T'es con ou quoi?	Tu es bête ou quoi?
Tu me charries?	Tu plaisantes?
Bosser	Travailler
Ça craint	Ça n'est pas bien
C'est niqué d'avance	C'est raté d'avance
Comment tu mattes...	Comment tu regardes...
Je deviens dingue	Je deviens fou
Vous vous foutez de moi	Vous vous moquez de moi
Ta gueule! (vulgaire)	Tais-toi!
Une chaudasse	Une fille très portée sur le sexe
Qu'est-ce tu fous?	Que fais-tu?
Barre-toi!	Va-t'en!
Les flics	Les policiers
Péter les plombs	Devenir fou, perdre son calme
La bouffe	La nourriture
Chaud lapin	Un homme très porté sur le sexe
Un/e crevard/e	Quelqu'un de pauvre qui est toujours dans le besoin
Roulage de clope (f.)	Rouler une cigarette
On se casse	On s'en va
Balance les pompes (f.)	Lance les chaussures (f.)
Tu veux me pécho?	Tu veux m'embrasser?
Les nanas (f.)	Les filles (f.)

Regardez, dans le contexte, quelques mots et expressions tirés du film. Ensuite faites des phrases avec les mots en caractère gras et comparez-les avec la classe :

a. En Espagne on **bossait** ensemble dans des serres de tomates.
b. J'en peux plus. Il faut que je la retrouve. Je deviens **dingue** moi.
c. Vous vous **foutez** de moi? C'est ça?
d. J'ai eu des **aventures** mais rien de sérieux.
e. Je lui ai **fracassé** son portable sur la tête.

Exercice 4. Vrai ou faux ?

Indiquez si les affirmations suivantes sont vraies ou fausses.

1. Samba a des sensations de vertige uniquement sur les échafaudages. V F
2. Jonas est un réfugié politique qui a fui la guerre au Congo. V F
3. Wilson a travaillé comme plombier dans le passé. V F
4. Jonas ne veut pas que Samba aille chercher Gracieuse à Paris. V F
5. L'oncle de Samba est content de voir son neveu avoir une relation avec une femme. V F
6. Samba hésite à présenter son ami Wilson à Alice. V F
7. Samba est en colère contre Alice car elle possède une photo de lui enfant. V F
8. Manu sait que Wilson n'est pas brésilien. V F
9. Samba achète une fausse carte de résident qui ne vaut rien. V F
10. A la fin du film, Samba travaille dans un grand restaurant parisien. V F

 ## Exercice 5. Questions à choix multiples

Choisissez la bonne réponse d'après ce qui se passe dans le film.

1. Comment les policiers ont-ils pu arrêter Samba ?
    a. Samba a eu un contrôle d'identité dans le métro
    b. Samba a commencé une procédure de régularisation suite à une promesse d'embauche
    c. Samba a été arrêté à la frontière lors d'un week-end en Belgique
2. Samba appelle sa maman qui vit au Sénégal. Celle-ci semble préoccupée. Pourquoi ?
    a. Elle est inquiète pour sa santé
    b. Elle est malade depuis plusieurs semaines
    c. Elle n'a pas assez d'argent pour payer l'épicier
3. Pendant sa nuit comme gardien dans un centre commercial, Samba attrape des voleurs.
    Quand la police arrive il doit se cacher. Pourquoi ?
    a. Il a gravement frappé un des voleurs et peut finir en prison
    b. Il travaille illégalement
    c. Il travaille pour une société mafieuse
4. D'où vient le malentendu entre Alice et lui ?
    a. Il dit s'être mal comporté avec une femme récemment
    b. Il lui révèle être amoureux d'elle
    c. Alice lui laisse penser qu'elle est amoureuse de lui
5. Alice a vécu un burn-out au travail dû au stress. Que s'est-il passé au juste ?
    a. Elle ne supportait plus de ne pas être écoutée quand elle parlait à ses collègues
    b. Elle a subi des avances par ses collègues hommes
    c. Elle a subi des discriminations sexuelles à maintes reprises

6. Wilson se fait passer pour un Brésilien. Quelle en est la raison principale ?

   a. Il pense avoir plus de succès avec les filles

   b. Les Français sont moins racistes envers les Sud-Américains qu'envers les Maghrébins

   c. Il a honte de ses origines maghrébines

7. Samba est pris de remords. Pourquoi ?

   a. Il est parti tôt le matin sans prévenir, laissant Gracieuse endormie dans son lit

   b. Il a trahi la confiance de Jonas

   c. Il n'a pas donné de nouvelles à son ami Jonas

8. Durant la soirée dansante à l'association, l'oncle de Samba raconte une histoire sur les insectes en Afrique qui s'appellent les éphémères

   a. Ce sont des mouches qui vivent quelques jours

   b. Ce sont des insectes attirés par la lumière qui meurent au contact des lampes

   c. Ce sont des insectes qui piquent comme des moustiques

9. Comment Samba comprend-il que Wilson n'est pas vraiment Brésilien ?

   a. Par moment il n'a pas d'accent brésilien

   b. Lorsqu'ils sont bloqués sur le balcon, Wilson parle soudainement en arabe

   c. Wilson parle français couramment, ce qui est surprenant pour un immigré non francophone

10. À la fin du film, pour quelle raison Samba doit quitter la France immédiatement ?

   a. Il est poursuivi pour meurtre

   b. Il n'a pas de papiers pour travailler en France

   c. Il décide de rentrer au Sénégal

11. Pour quelle raison l'oncle de Samba a été arrêté par la police ?

   a. Il s'est battu avec son patron qui a tenu des propos racistes

   b. Lors d'un contrôle, il n'avait pas de carte de séjour car il l'avait donnée à Samba

   c. Sa carte de séjour était une fausse carte

12. Comment Jonas a-t-il pu obtenir un permis de réfugié politique ?

   a. Il a fait croire qu'il est en danger de mort dans son pays car il est chrétien

   b. Il a volé une carte à un autre immigré

   c. Il vient d'un pays effectivement en guerre

 ## Exercice 6. Clichés sur l'immigration en France

Débat en classe : en groupes, prenez la défense ou faites la critique des phrases notées ci-dessous. Défendez vos opinions. Imaginez que, tout comme Alice, vous fassiez un stage dans une association qui aide les travailleurs immigrés en situation irrégulière et qu'un jour vous deviez répondre à des critiques venant du public, voire de vos proches. Que pouvez-vous répondre ?

1. En France, tous les sans-papiers des pays pauvres sont en fait des profiteurs. Les immigrés viennent massivement en France uniquement pour toucher les allocations de l'État.

2. La plupart des migrants veulent se faire passer pour des réfugiés politiques.

3. En France il n'y a plus de place pour les étrangers. La France ne peut pas accueillir toute la misère du monde.

4. L'immigration est indispensable pour la croissance et la bonne santé de l'économie.

5. L'immigration et la société multiculturelle créent des dynamiques positives pour la société.

6. La France accueille plus d'immigrés qu'ailleurs dans l'Union Européenne.
7. Aujourd'hui la citoyenneté française est bradée. N'importe qui peut devenir Français.
8. L'immigration ruine les finances publiques.
9. Aujourd'hui il y a une explosion de l'immigration en France.

 Exercice 7. Les petits boulots en France

Et si un jour vous deviez émigrer vers un autre pays pour gagner votre vie, ou alors juste passer un été en France pour une expérience de travail comme stagiaire, seriez-vous prêt à accepter tous les emplois qui se présenteront à vous ? Pour chaque travail proposé choisissez une seule réponse et justifiez votre choix en expliquant les motifs. Comparez vos réponses avec la classe.

Postes de travail	Oui, sans problème	Peut-être, si je ne trouve rien d'autre	Non, jamais de la vie !
Plongeur/Plongeuse dans un restaurant			
Laveur/Laveuse de vitres			
Caissier/Caissière			
Hôte/Hôtesse d'accueil			
Garde d'enfants			
Coursier/Coursière			
Serveur/Serveuse			
Gardien/Gardienne de nuit			
Ouvrier/Ouvrière			
Routier/Routière			
Vendeur/Vendeuse			
Eboueur/Eboueuse			

Exercice 8. Les personnages du film

Pour chacun des adjectifs (colonne verticale de gauche), choisissez lequel correspond le mieux à un des quatre personnages principaux et justifier votre choix. Par exemple, qui est le plus calme des quatre et pourquoi, ensuite qui est le plus extraverti, etc. Discutez-en entre vous. Êtes-vous tous d'accord?

	Samba	Alice	Manu	Wilson
Calme				
Extraverti/e				
Honnête				
Stressé/e				
Sympathique				
Drôle				
Frustré/e				
Introverti/e				
Aventurier/Aventurière				
Confiant/e				
Emotif/Emotive				
Sincère				

22

Sentimental/e				
Tenace				

On Tourne!

  Exercice 9. Le bon ordre

Avec un ou une camarade de classe, écrivez et mettez les images en relation avec les dialogues qui correspondent. Pour chaque photo du film dans la première colonne, trouvez la phrase qui va avec, dans la troisième colonne. Notez dans la deuxième colonne quel personnage l'a dite dans le film. Pour ceci, essayez de vous rappeler dans quelle circonstance, à quel moment, pourquoi, etc.

1.		a. Moi aussi je peux m'énerver.
2.		b. Oui, vous pouvez partir. Vous êtes libre.
3.		c. Je vais rester chez moi à regarder les mouches qui volent?
4.		d. Ça fait dix ans que tu es là et tu comprends toujours rien!
5.		e. Magnifique ton imper. Tu vas à la chasse ou quoi?
6.		f. Il faut garder la distance, c'est hyper important.
7.		g. Profite du paysage mon ami.

8.			h. Il a des chances de sortir?
9.			i. Dis-moi un truc. C'est quoi la capitale du Brésil pour toi?
10.			j. J'ai fait des milliers de kilomètres dans un camion et à pied dans le désert.

Après Le Visionnement Du Film

Exercice 10. On discute

En groupes, répondez aux questions sur le film.

1. Discutez le rôle dans le film des personnages principaux suivants : Samba, Alice, Manu, Wilson, Jonas et Lamouna (l'oncle de Samba). En quoi leurs rôles sont-ils importants? Quel est votre personnage préféré? Pourquoi?

2. Les immigrés en France ont des conditions de vie assez dures (travail au noir, postes indésirables, heures de travail non conventionnelles, etc.). Dans votre pays les immigrés ont-ils des conditions de vie similaires? Expliquez votre réponse.

3. Comment Samba et les autres immigrés (comme Wilson) trouvent-ils du travail? Est-ce la même chose dans votre pays? Expliquez.

4. Samba est Sénégalais; savez-vous où se trouve le Sénégal? Pourquoi y a-t-il autant de migrants de l'Afrique de l'Ouest en France?

5. Pourquoi Alice a-t-elle fait un burn-out? De quels symptômes souffre-t-elle? Qu'est-ce qui la calme? Est-ce inhabituel?

6. Pourquoi est-ce qu'Alice est différente des autres assistantes sociales? Pourquoi est-elle attirée par Samba?

7. Pourquoi est-ce que Wilson se fait passer pour un Brésilien? De quelle nationalité est-il vraiment? Quel est son vrai prénom?

8. Sans carte de séjour, les immigrés ne peuvent pas rester en France légalement, ni travailler. Y a-t-il une carte similaire dans votre pays? Que dit la loi sur l'immigration dans votre pays? Comment peut-on travailler et résider dans votre pays?

9. Qu'avez-vous pensé lorsque Samba couche avec Gracieuse (aussi appelée Magalie), l'amoureuse de Jonas? Est-ce un acte condamnable? Justifiable? Pourquoi?

10. Expliquez le symbolisme pour Samba du maillot vert de l'équipe de football sénégalais. Pourquoi veut-il le porter pour aller aux tribunaux? Pourquoi le donne-t-il plus tard à Alice?

11. Samba sort de la garde à vue avec un OQTF (Obligation de Quitter le Territoire Français). Repart-il en Afrique ? Pourquoi ? Quelles sont les recommandations que son oncle lui donne pour ne pas se faire détenir ?

12. Comment est-ce que Jonas sort de la garde à vue ? Pourquoi peut-il résider légalement en France ?

13. Vers la fin du film, l'oncle de Samba et Alice croient que Samba est mort. Pourquoi sont-ils étonnés et heureux de le revoir lorsqu'il rentre chez son oncle ? Comment a-t-il fait pour rentrer vivant ?

14. A la fin du film, on voit Samba dans une cuisine. C'est lui qui a fait le menu. Comment a-t-il réussi à travailler légalement ?

 Exercice 11. On rédige

Traitez un ou plusieurs sujets au choix. N'oubliez pas de justifier vos arguments et vos opinions, et de donner des exemples.

1. Imaginez une suite logique au film. Est-ce que Samba et Alice se marient ? Est-ce qu'ils restent plutôt amis ? Est-ce que Samba reste en Europe ? Est-ce qu'Alice réussit dans son travail ?

2. Écrivez votre opinion sur les couples mixtes (c'est-à-dire de différentes origines). Quels sont les défis auxquels ils doivent faire face ? Et les avantages ?

3. Est-il commun de souffrir d'un burn-out ? Ça vous est-il arrivé ? Comment l'avez-vous géré ? Si vous n'avez jamais eu de burn-out, connaissez-vous quelqu'un qui en a souffert ?

4. Est-ce que vous ou votre famille êtes issus de l'immigration ? Si oui, décrivez comment vous êtes arrivés dans le pays où vous résidez et pourquoi vous êtes partis de votre pays natal. Quels sont les défis auxquels vous êtes confronté ? Vous sentez-vous intégré ? Justifiez votre réponse. Si vous n'êtes pas une personne qui a immigré, en connaissez-vous une ? Si oui, comment est la vie de cette personne ? Pourquoi est-ce que cette personne est partie de son pays ? Quels sont les défis et les avantages pour cette personne ?

  Exercice 12. On réagit

Avec un ou une camarade de classe, écrivez vos réactions sur ces dialogues à double sens, ou humoristiques, ou, au contraire, tragiques du film. Pourquoi, à votre avis, sont-ils significatifs ? Quels commentaires et quels sentiments vous inspirent-ils ? Analysez-les et comparez vos analyses avec la classe.

1. Samba et Alice, quand ils viennent de se rencontrer pour la première fois avec Manu. Samba et Alice restent seuls, l'un en face de l'autre :
SAMBA : Ça va ?
ALICE : Oui, ça va et vous ?
SAMBA : Ouais, ça va. J'ai un peu faim, mais ça va. (Alice lui tend une barre de céréales.) Merci !... C'est du musc ?
ALICE : Ah non, j'achète ça en pharmacie. C'est du blé complet.
SAMBA : Mais votre parfum, c'est du musc ?

2. Samba sort de la garde à vue et parle avec une femme policière :

SAMBA : Pardon, excusez-moi, j'ai pas bien compris ce qui se passe.

LA POLICIÈRE : Ce qui se passe c'est que vous avez toujours une OQTF. Vous avez l'obligation de quitter le territoire français. Vous pouvez partir là.

SAMBA : Là, je... peux partir là ?

LA POLICIÈRE : Oui, vous pouvez partir, vous êtes libre. Mais vous êtes en situation irrégulière, et vous avez l'obligation de quitter le territoire français.

SAMBA : Okay, d'accord, très bien, et bien je rentre chez moi, alors.

LA POLICIÈRE : Voilà !

SAMBA : Roissy, c'est par là ?

LA POLICIÈRE : C'est tout droit.

SAMBA : Voilà. Ben, je quitte le territoire français, j'y vais par là. Peut-être l'avion là, j'essaye de l'attraper.

LA POLICIÈRE : Voilà !

SAMBA : C'est mon avion ! Je vais attraper mon avion ! Attendez-moi ! Commandant ! Attendez-moi, je dois quitter le territoire français !

3. Alice soigne le visage meurtri de Samba après la bagarre qu'il a eu au centre commercial où il était gardien de nuit :

SAMBA : Je suis désolé, je voulais pas vous réveiller, vraiment.

ALICE : Vous savez, moi le sommeil, hein ? Et bien ils vous ont pas arrangé.

SAMBA : Ça fait du bien votre parfum.

ALICE : Du musc ?

SAMBA : Ouais, le musc.

ALICE : Pourtant j'en ai pas mis. Ça a l'air un peu mieux déjà. Comment vous vous sentez ?

SAMBA : Ça va. [...] Tout ça en fait c'est à cause d'une femme.

ALICE : Ah ! Une femme !

SAMBA : Ça a commencé au centre de rétention. Et là, j'ai franchi une barrière que je n'aurais jamais dû franchir.

ALICE : Samba, on va tout de suite dissiper les malentendus ; moi aussi je vous apprécie énormément, mais je crois pas que je sois prête, alors je préfère qu'on maintienne une certaine distance entre nous pour le moment.

SAMBA : Oui, mais en fait, je parle pas de vous [...]

4. Samba et Alice dans la voiture d'Alice ; Alice parle de son burn-out :

SAMBA : Et maintenant, ça va mieux ?

ALICE : Je caresse des chevaux toujours de temps en temps. [...] Il y a aussi des effets secondaires.

SAMBA : C'est-à-dire ?

ALICE : Une sorte de réaction. L'excès, l'abus, ça peut être l'alcool, le sexe.

SAMBA : Et vous, c'est lequel ?

ALICE : Moi, c'est le sexe. Là, je fais un carnage.

SAMBA : Le sexe ? Mais vous vous lâchez complètement. Carnage, pourquoi ? Vous faites quoi avec le sexe ?

ALICE : Mais je blague !

SAMBA : Ah ! D'accord !

ALICE : Y'a pas d'abus de ce côté-là. [...] Y'a même pas de début d'abus.

SAMBA : C'est joli, ça, pas de début d'abus.

5. Dialogue entre Manu et Wilson (ils font un toast), lors de la soirée avec les assistantes sociales et les immigrés :

WILSON : Moi je souhaite attirer l'attention d'une jeune fille qui est très, mais vraiment très jolie, et je souhaite le dire devant tout le monde. Comme je suis un peu timide, je vais vous donner deux indices. Elle gagne 480 euros par mois, et le deuxième, c'est la championne du monde du roulage de clopes ! [...]

MANU : Alors-là, mon gars, t'as aucune chance ! Mais *nada*, quoi, que dalle !

WILSON : On verra, on verra !

6. Dialogue entre Samba, Wilson, Alice et Manu, dans la mansarde de Wilson :

MANU (à WILSON) : Tu m'as fait trop peur ! (L'embrasse passionnément et ils se lancent sur le lit).

ALICE (à SAMBA) : On va faire plus classique, on va se faire la bise.

SAMBA : Plus classique c'est mieux aussi.

ALICE : J'ai ça pour vous. (Lui tend un sac avec des chaussures en cuir.)

SAMBA : Merci.

ALICE : J'ai trouvé que ça. C'était à mon ex.

SAMBA : Un ex avec des chaussures à pompons ça vous a pas aidé pour le burn-out !

WILSON : Eh ! Alice ! Je suis désolé pour les ballons. C'était peut-être pas la résistance. Mais je vais revenir.

ALICE : Ah, non, non ! Ça va ! Je vais me débrouiller !

SAMBA : C'est du travail de Brésilien ça !

 Exercice 13. On analyse

Voici quelques scènes importantes du film. En groupes de quatre à cinq, dites pourquoi ou en quoi ces scènes sont significatives.

1. Scène où Samba se déshabille et reste torse nu avant d'aller voir le juge au tribunal. Alice lui dit d'enlever son maillot vert de l'équipe de foot et de mettre la chemise blanche pour comparer. Manu se moque d'elle et la taquine.

2. Scène où Alice qui s'occupe de M. Bentata avec un traducteur (car il parle arabe), voit Samba rentrer dans le bureau et demande à une collègue (Madeleine) si elle connaît la Tunisie.

3. Scène où Samba cherche Gracieuse dans les salons de coiffure.

4. Scène avec Wilson et Samba sur la plateforme. Samba a le vertige ; Wilson danse et Jonas appelle Samba sur son portable.

5. Scène presqu'à la fin du film, où Jonas et Samba se bagarrent. La police arrive et ils fuient.

Exercice 14. A vous de tourner!

1. En groupes, trouvez sur le site officiel de l'administration française les types de titres de séjour et de visas que peuvent demander les étrangers qui désirent résider ou émigrer en France, à long terme ou court terme. Faites une recherche sur internet avec les mots clés *service public* et *N110* (vous pouvez aussi trouver le lien à la fin du chapitre). Comment peut-on obtenir la nationalité française? Tapez les mots clés *service public* et *N111*. Lisez les questions et les réponses pour savoir comment un enfant est français. Est-ce que les Français acceptent la double nationalité? Comparez avec les procédures aux Etats-Unis pour obtenir la carte verte ou la nationalité américaine. Où est-il plus facile d'émigrer? Pourquoi?

2. Visitez la page de L'INSEE (Institut National de la Statistique et des Études Économiques; www.insee.fr) et décrivez la population de la France : combien y a-t-il d'habitants? D'immigrés? D'expatriés? Comparez ces taux avec les taux de votre État ou de votre pays.

3. En 2015, 14 % des mariages célébrés en France sont des mariages mixtes d'après l'INSEE. Recherchez des couples mixtes célèbres en France, et, en groupes, présentez-les à la classe. Par exemple, Omar Sy, un comédien français d'origine africaine (que vous verrez aussi dans le film *Intouchables*), et sa femme Hélène. Pourquoi sont-ils célèbres? Et dans quelles sphères sociales sont-ils les plus nombreux? Pourquoi?

4. On dit que les États-Unis sont un melting-pot. Mais la France aussi! La France a été construite par beaucoup d'immigrés célèbres. Depuis Manuel Valls (Premier ministre de 2014 à 2016, Franco-Espagnol), jusqu'au père de Charlotte Gainsbourg (l'actrice qui joue le rôle d'Alice), d'origine ukrainienne. Trouvez d'autres immigrés célèbres (dans le monde de la recherche médicale, du sport, du show-biz, etc.), et dites quelles contributions importantes ils ont apportées à la France. Présentez-les à la classe.

Notes Grammaticales

Exercice 15. Verbes réguliers et irréguliers

Les verbes suivants sont regroupés selon leur conjugaison. Complétez les conjugaisons au présent ou à l'impératif et dites pourquoi ils sont regroupés ainsi.

a. prendre
Tu prends des notes.

Vous _____ des notes.

comprendre
Je comprends pas. Tu as peur ou quoi?

Ils ne _____ pas. Ils ont peur ou quoi?

b. venir
Je viens de comprendre «pas classique»!

Nous _____ de comprendre.
devenir
Qu'est-ce que je deviens moi ici?

Qu'est-ce que vous _____ ici?

revenir
Je reviens dans cinq minutes.

Ils _____ dans cinq minutes.
prévenir
Pourquoi tu me préviens pas?

Pourquoi ils ne me _____ pas?

c. vouloir

Ça veut dire quoi ?

Vous _____ dire quoi ?

pouvoir

Vous pouvez partir.

Ils _____ partir.

d. mettre

Je mets ma chemise par-dessus.

Vous _____ votre chemise.

promettre

Je vous promets d'éviter les gares.

Ils _____ d'éviter les gares.

e. sortir

Je sors où ?

Vous _____ où ?

partir

Je pars, comme ça tu seras débarrassé.

Ils _____, comme ça ils seront débarrassés.

sentir

Je sens plus rien.

Nous ne _____ plus rien.

f. suivre

Suivez-moi.

(toi) _____ -moi.

vivre

Comment je vis, moi ?

Comment nous _____, nous ?

g. tenir

Tenez, vous voulez le jeter par terre.

(toi) _____, tu veux le jeter par terre.

détendre

Détends-toi, c'est une fête.

_____ - vous, c'est une fête.

attendre

Vous m'attendez ?

Je vous _____.

h. envoyer

Tu envoies de l'argent au pays.

Vous _____ de l'argent ?

tutoyer

Donc, on se tutoie ?

Ils se _____ ?

Exercice 16. Le passé composé et l'imparfait

Changez les phrases de l'activité précédente au passé composé et à l'imparfait. Peut-on regrouper les verbes de la même façon ? Pourquoi ?

	Passé composé	Imparfait
a.	_____	_____
b.	_____	_____
c.	_____	_____

d. _____   _____
e. _____   _____
f. _____   _____
g. _____   _____
h. _____   _____

 ## Exercice 17. Verbes au présent

Choisissez les verbes qui vont le mieux avec les phrases suivantes, et conjuguez-les au présent.

se tutoyer • suivre • vivre • s'envoyer • partir • attendre • se mettre • revenir

a. Les policiers... Samba et Wilson.
b. Alice et Samba ne... de texto.
c. Jonas et Samba... des jours et des jours dans la garde à vue.
d. L'oncle de Samba... dans l'autobus.
e. Alice... dans un appartement toute seule.
f. Samba... vivant chez son oncle.
g. Wilson et Manu... quand ils se parlent.
h. Samba et Wilson ne... pas les chaussures quand ils descendent du toit.

Pas De Faux Pas!

  ## Exercice 18. Les expressions idiomatiques

Dans toutes les langues nous avons des expressions idiomatiques. C'est-à-dire des expressions que nous ne pouvons pas traduire littéralement parce qu'elles n'ont aucun sens! Il faut connaître leur sens et leur usage. Voici quelques expressions idiomatiques qui ont été utilisées dans le film. En groupes, pouvez-vous deviner leur sens? Ensuite, comparez vos réponses avec la classe.

a. (Avoir du mal à faire quelque chose) Alice: «J'ai du mal à dormir.»
b. (Ne pas s'en sortir) Assistante Sociale à Alice: «C'est plus simple si tu parles en anglais un peu plus international. Sinon, on ne va pas s'en sortir.»
c. (Avoir des aventures) Samba à Jonas: «J'ai eu des aventures, mais rien de sérieux. Tu sais ici, t'as pas le temps pour ça.»
d. (Se tenir tranquille) Manu à Alice: «Tu te tiens tranquille. Tu compares tranquille.»
e. (Ne pas en vouloir à quelqu'un) Samba à Alice: «Vous aussi vous avez crié et c'était fort. Vous m'en voulez pas trop? Allez, moi j'ai rien dit pour les macarons, par exemple.»
f. (S'attacher à quelqu'un) Manu à Alice: «Tu t'attaches pas! T'as bien compris l'histoire de la distance, toi?»
g. (Péter les plombs) Alice à Samba: «Et du jour au lendemain, j'ai basculé de l'autre côté. J'ai pété les plombs.»

h. (Se rendre compte) Alice à Samba : « Après ça, j'ai fait un petit séjour en clinique et je me suis rendue compte que j'étais pas la seule à avoir lâché la rampe. »

i. (Être un chaud lapin) Wilson à Samba qui a honte d'avoir trahi Jonas : « T'es un chaud lapin ! »

j. (Prendre la tête à quelqu'un) L'ami de Wilson qui leur vend les cartes de séjour : « Cassez-vous ! Vous me prenez la tête ! »

Les Liens Internet

Site web : www.service-public.fr/particuliers/vosdroits/N110

Site web : www.service-public.fr/particuliers/vosdroits/N111

Site web : www.insee.fr

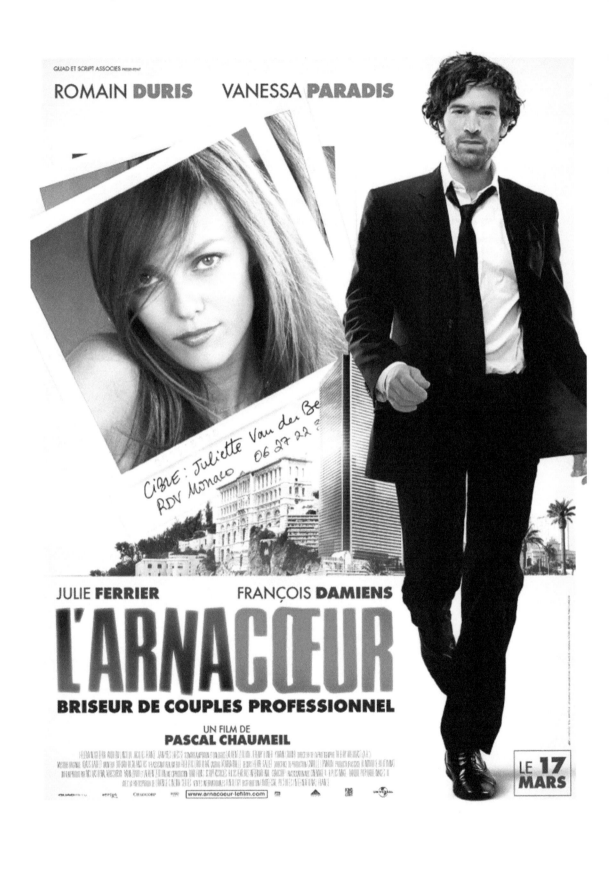

Chapitre 3

L'ARNACŒUR

 En examinant le poster, que pouvez-vous déduire du protagoniste? Quels sont les détails qui sautent aux yeux?

Synopsis

Réalisé par Pascal Chaumeil en 2010, ce film est une comédie romantique. Le protagoniste s'appelle Alex. Il a 30 ans et a des dons de séducteur. D'ailleurs, comme profession, Alex est payé pour séduire les femmes afin de briser leur couple. Les personnes qui engagent Alex le font pour qu'il démontre aux femmes que leur vie de couple n'est pas épanouie. Par conséquent, les femmes mettent fin à leur relation sentimentale et se retrouvent libres de chercher un autre homme avec qui elles seront peut-être plus comblées. Mais Alex n'opère pas tout seul. Avec l'aide de sa sœur Mélanie et de son beau-frère Marc, il utilise toutes les techniques possibles et imaginables pour réussir à séduire, comme mettre les clientes sur écoute ou se déguiser pour changer d'identité. Cependant, Alex a une éthique de travail très solide: il ne brise les couples que lorsqu'il sait que les femmes sont malheureuses et il ne tombe jamais amoureux de ses clientes. Malheureusement, comme Alex a des problèmes financiers, il va accepter pour la première fois une mission où la jeune femme, Juliette, est heureuse avec son fiancé, un riche Anglais du nom de Jonathan. Le défi pour Alex est assuré car Juliette et Jonathan vont se marier dans quelques jours à Monaco. Pensez-vous qu'il réussira à briser le couple que forme Juliette et Jonathan et empêcher leur mariage?

Avant Le Visionnement Du Film

 ## Exercice 1. On se prépare

En groupes, répondez aux questions en préparation du film.

1. Le titre, *L'arnacœur*, est un mot inventé. Que veut-il dire? Pourquoi ce titre? Quel est le jeu de mots?

2. En français et en anglais on dit «tomber amoureux de quelqu'un» (*falling in love with someone*). Vous verrez, dans le film, qu'au restaurant italien, Alex raconte à Juliette comment il est tombé amoureux d'Agnès, la fille de la maîtresse. Est-ce une expression qui est juste et qui illustre bien ce sentiment? Justifiez votre réponse.

3. La séduction est un des thèmes du film : est-ce que la séduction peut s'apprendre? Justifiez votre réponse.

4. Regardez la bande annonce de *Hitch, expert en séduction* (titre en français) un film américain de 2005 : Faites une recherche sur internet avec les mots clé *Hitch* et *trailer* (vous pouvez aussi trouver le lien à la fin du chapitre) et comparez-la avec la bande annonce de *Heartbreaker* (titre en anglais pour le film *L'arnacœur*, avec les mots clés *Heartbreak* et *trailer*). Les deux bandes annonces, qu'ont-elles en commun? Et en quoi diffèrent-elles?

5. Le film se déroule à Paris et à Monte-Carlo (Monaco). Connaissez-vous ces deux villes? Quelles sont les images que vous provoquent Monaco? Et Paris?

 Exercice 2. Les acteurs et les personnages

Regardez le casting et dites si vous connaissez un/une des acteurs/actrices. Si oui, dites dans quel film vous l'avez vu(e) ou pourquoi vous le/la connaissez.

Romain Duris	Alex Lippi
Vanessa Paradis	Juliette Van Der Beck
Julie Ferrier	Mélanie
François Damiens	Marc
Helena Noguerra	Sophie
Andrew Lincoln	Jonathan Alcott

 Exercice 3. Le lexique

Lisez le lexique avant de faire des phrases avec les mots en caractères gras à la fin de la liste.

Un con, une conne	Un idiot, une idiote
Un vrai radin	Ne dépense pas d'argent
Petit/e ami/e	Un/e ami/e spécial/e dans une relation amoureuse pas forcément très sérieuse
Une vidange	Changer l'huile de la voiture
HEC	Hautes Études Commerciales, une école de commerce très prestigieuse
C'est une blague?	C'est pour rire? C'est pour rigoler?
Ronfler	Faire du bruit par le nez ou la bouche en dormant
Veinard/e	Chanceux/chanceuse
Tromper (quelqu'un)	Être infidèle
Faire sa ronde	Patrouiller (militaire)
Un truc	Une chose
Être au courant	Savoir

Vous me faites marcher	Faire une blague à quelqu'un sans qu'il/elle le sache
Briser	Casser, rompre
Une aventure (amoureuse)	Une relation amoureuse hors mariage ou en dehors du couple

Verlan et argot

Un truc qui cloche	Quelque chose qui ne va pas
La bouffe	La nourriture
Crever de faim	Mourir de faim
Un costard à 3 000 euros	Un costume qui coûte 3 000 euros
Un tocard	Un raté ; une personne incapable
Un plouc	Quelqu'un qui n'a pas de style ni de savoir vivre
Qu'est-ce que vous foutez là ?	Qu'est-ce que vous faites là ?
Fonce, magne-toi !	Dépêche-toi ! Va vite !
C'est une emmerdeuse	Elle est pénible
Vous vous foutez de ma gueule ?	Vous vous moquez de moi ?
J'ai fait mon taf	J'ai fait mon travail
On s'en fout	Nous sommes indifférents
Je l'emballe	Je le séduis/je la séduis
Son mec	Son homme, son copain
Elle va faire foirer	Elle va faire rater ; elle va faire que ça ne marche pas
Se défiler, se dégonfler	Ne pas être courageux ; ne pas oser
On s'est gouré	On a fait une erreur
Vous êtes deux gros mythos	Vous êtes deux gros mythomanes
J'ai flippé	J'ai eu peur
Y'a encore du boulot	Il y a encore du travail
C'est quoi ce bordel ?	C'est quoi ce désordre, ce bazar ?
Tu vas t'emmerder	Tu vas t'ennuyer
T.A.F.	Travail, boulot (truc à faire)

Voici des extraits du script où quelques-uns de ces mots apparaissent. Regardez bien comment ils sont utilisés dans le contexte et faites ensuite des phrases avec ces mots. Comparez vos phrases avec celles de vos camarades.

a. Juliette va se marier et le père de Juliette dit à Alex : « Votre mission est terminée. [...] Elle va se marier, ni vous ni moi n'y pouvons rien. Vous avez fait du bon **boulot**. »

b. Quand Juliette dit à Alex, après avoir passé la nuit dans son lit parce que la climatisation ne marchait pas dans sa chambre : « Vous aussi vous **ronflez**. »

c. Quand l'amie d'enfance de Juliette arrive à l'hôtel, Alex, surpris, demande à sa sœur : « Je peux savoir pourquoi tu **n'étais pas au courant** ? »

d. Quand son amie dit à Juliette qui a des doutes sur son mariage : « Ton **mec**, c'est le prince charmant. »

A votre tour ! Faites des phrases avec les mots en caractère gras (*boldface*).

Exercice 4. Vrai ou faux?

Indiquez si ces affirmations sont vraies ou fausses.

1. Au début du film Alex se fait passer pour un médecin au Maroc.   V   F
2. Juliette est œnologue de profession.   V   F
3. Juliette souhaite que son père vienne à son futur mariage.   V   F
4. Juliette et Jonathan sont ensemble depuis 10 ans.   V   F
5. Alex est engagé comme garde du corps par Jonathan.   V   F
6. Juliette déteste la musique de George Michael.   V   F
7. Juliette mange du roquefort au petit-déjeuner.   V   F
8. Juliette n'est jamais allée à l'université.   V   F
9. Le père de Juliette pense que Jonathan est ennuyeux.   V   F
10. Alex a une chambre loin de celle de Juliette pour ne pas la déranger.   V   F
11. Il est facile pour Alex de séduire Juliette.   V   F
12. A la fin du film, Alex, Marc et Mélanie sont à l'aéroport et repartent à Paris. V   F

 ## Exercice 5. Questions à choix multiples

Choisissez la bonne réponse d'après ce qui se passe dans le film.

1. La profession d'Alex est
   a. Faiseur de couples
   b. Amateur de couples
   c. Briseur de couples
2. Alex travaille
   a. Avec son frère et sa belle-sœur
   b. Avec sa petite amie et son petit-ami
   c. Avec sa sœur et son beau-frère
3. L'objectif de son travail est
   a. D'aider les femmes
   b. De faire courir les femmes
   c. D'accompagner les femmes
4. Dans sa prochaine mission on lui demande
   a. De trouver un bon fiancé
   b. D'éviter un mariage
   c. De protéger une femme
5. Pour faire ce métier, Alex se fait passer pour un
   a. Garçon de café
   b. Garde du corps
   c. Gardien en Corse

6. Le plombier qui arrive dans la chambre de Juliette
   a. A un accent étranger
   b. Veut étudier à Bologne
   c. A deux enfants
7. La femme qui va avec Juliette dans la voiture
   a. S'appelle Marie-France
   b. Est une amie d'enfance
   c. Est célibataire
8. Pourquoi est-ce qu'Alex et ses associés doutent avant d'accepter cette mission ?
   a. Parce que Juliette et Jonathan sont amoureux
   b. Parce qu'ils sont obligés d'aller à Monaco
   c. Parce qu'ils ne sont pas bien payés pour cette mission
9. Pourquoi Alex se force-t-il à pleurer ?
   a. Pour faire rire les femmes
   b. Parce qu'il est plus beau quand il pleure
   c. Pour que les femmes aient pitié de lui
10. Pourquoi est-ce qu'Alex dit ? : « Mon nom est Alex Lippi et aujourd'hui, c'est mon cœur que j'ai brisé »
    a. Parce qu'il s'est fait mal en courant
    b. Parce qu'il est tombé amoureux de Juliette
    c. Parce qu'il va se marier avec Juliette

  ## Exercice 6. Le thème de l'amour et la séduction

En groupes, cherchez des mots (des adjectifs ou des expressions) qui vont bien avec amour et avec séduction, puis comparez-les. Faut-il séduire pour aimer ? Ou faut-il aimer pour séduire ?

Amour : Je t'aime   Séduction : Tu es très belle/beau ce soir

 ## Exercice 7. L'humour dans le film

Avec un ou une camarade de classe, répondez aux questions sur l'humour et les éléments comiques.

1. Quelles sont les scènes de *L'arnacœur* qui vous ont fait le plus rire ? Expliquez ce qui vous a fait rire dans ces scènes.
2. Y avait-il aussi des scènes où vous avez trouvé certaines situations difficiles à comprendre car trop cyniques ? Pourquoi n'avez-vous pas apprécié ces scènes ?
3. Parmi les trois scènes suivantes, laquelle trouvez-vous la plus comique ? Et pourquoi ?
   a. SOPHIE : T'es qui toi ?
      MARC : Tu as hurlé de plaisir mon nom toute la nuit. Je suis Matteo. Tu sais ce qu'on va faire ? Je vais te refaire l'amour, ça va peut-être te faire revenir la mémoire !

b. ALEX : Je vais retrouver la femme de ma vie !

UN CHAUFFEUR DE TAXI : Ah félicitations !

ALEX : Non mais je vous dis ça parce que j'ai pas d'argent sur moi !

c. JULIETTE : Dites-moi Alex, vous êtes marié ?

ALEX : Non, malheureusement. Célibataire.

JULIETTE : Ah, ça m'étonne pas...

ALEX : Pourquoi ?

JULIETTE : Parce que si vous aviez une femme, elle vous aurait dit qu'après le roquefort au petit-déjeuner, on se brosse les dents !

On Tourne !

 Exercice 8. Le bon ordre

Avec un ou une camarade de classe, écrivez et mettez les images en relation avec les dialogues qui correspondent. Pour chaque photo du film dans la première colonne, trouvez la phrase qui va avec, dans la troisième colonne. Notez dans la deuxième colonne quel personnage l'a dite dans le film. Pour ceci, essayez de vous rappeler dans quelle circonstance, à quel moment, pourquoi, etc.

1.		a. Et tu as déjà pensé à tromper ton mari ?
2.		b. Je savais qu'une bonne balade en mer vous ferait réfléchir.
3.		c. Je suis content de rentrer moi. On va retrouver notre petite vie...
4.		d. Ça ne m'étonne pas, il a l'air chiant ce type.
5.		e. Dès que ça devient difficile tu te défiles.
6.		f. C'est une promotion qu'on te fait, assure !

7.		g.	Impossible, parce que dans dix jours ils se marient.
8.		h.	C'est la vie!
9.		i.	Ça fait une éternité que je me suis pas senti autant vivant.
10.		j.	Ils s'aiment comme jamais j'ai vu des gens s'aimer.

Après Le Visionnement Du Film

 Exercice 9. On discute

En groupes, répondez aux questions sur le film.

1. *L'arnacœur* est-il vraiment une comédie? Expliquez les raisons pour lesquelles ce film en est une ou pas.
2. Quel est le rôle de la musique dans le film? Est-ce un outil de séduction? Pourquoi?
3. Est-ce qu'Alex est un James Bond de la séduction? (Pensez aux techniques d'espionnage qu'il utilise par exemple).
4. D'après Marc, quels sont les défauts de Jonathan, le futur marié?
5. Juliette a fait des études d'œnologie. Expliquez cette profession. Peut-on faire des études d'œnologie dans votre pays? Où?
6. Décrivez Sophie, l'amie de Juliette. Que symbolise-t-elle?
7. Pourquoi le père de Juliette est-il convaincu que Jonathan n'est pas un gendre (*son-in-law*) idéal?
8. Comment sont représentés les parents de Jonathan? Est-ce un cliché sur la bourgeoisie britannique?
9. Pensez-vous que les jeunes prennent assez de temps pour se connaître et pour réfléchir avant de se marier? Quel est votre avis personnel?
10. Quels sont les clichés sur l'amour et les relations sentimentales utilisés pour faire fonctionner la dynamique comique du film?

 **Exercice 10. On rédige**

Traitez un ou plusieurs sujets au choix. N'oubliez pas de justifier vos arguments et vos opinions, et de donner des exemples.

1. Imaginez une fin différente à cette histoire.
2. A la fin du film, quand Juliette et Alex se retrouvent sur la route en courant, Alex lui confesse tous ses mensonges, «qu'il n'aime pas le roquefort au petit-déjeuner», «qu'il déteste la musique de George Michael», etc. Est-ce qu'il est important en amour d'avoir les mêmes goûts ou est-ce que les pôles contraires s'attirent?
3. Selon vous, qu'est-ce qui est important en amour? L'argent? La beauté? L'intelligence? La bonté? D'autres qualités? Lesquelles? Pourquoi?
4. On dit qu'en amour il faut accepter les défauts de l'être aimé et qu'il faut savoir pardonner. Quels défauts vous ne pourriez pas accepter et qu'est-ce que vous ne pourriez pas pardonner? Justifiez votre réponse avec des exemples précis.
5. Vous venez de voir la dernière scène du film. Maintenant regardez celle du film américain *The Graduate* dans la playlist de *On tourne!* (ou alors directement sur YouTube: *The Graduate, final scene*). Pour vous, quelle est la scène la plus réaliste, la plus moderne, en considérant le fait que 40 ans séparent ces deux films? D'après vous quelles émotions est-ce que les réalisateurs voulaient exprimer par les plans rapprochés des acteurs?

 Exercice 11. On réagit

Avec un ou une camarade de classe, écrivez vos réactions sur ces dialogues à double sens, ou humoristiques, ou, au contraire, tragiques du film. Pourquoi, à votre avis, sont-ils significatifs? Quels commentaires et quels sentiments vous inspirent-ils? Analysez-les et comparez vos analyses avec la classe.

1. LE PÈRE DE JULIETTE (À SA FILLE): Je ne comprends pas ce que tu veux te prouver en te mariant avec Jonathan. Je n'ai rien contre lui. C'est un type formidable, brillant, sûrement très gentil, mais tu vas t'emmerder avec lui.
2. ALEX (À JULIETTE): Je déteste le roquefort, avant toi je n'avais jamais vu *Dirty Dancing*, je suis convaincu que George Michael est un chanteur de merde, et ma cuisse fonctionne parfaitement. Alors, je ne sais pas si je suis assez bien pour toi: je n'ai pas de jet, je n'ai pas d'appart, je vis dans mon bureau... Mais je ne sais pas comment je vais faire si je ne peux pas te voir chaque jour...
3. ALEX: T'excuser de quoi? De m'avoir embrassé? Tu m'as réveillé. Ça fait une éternité que je ne m'étais pas senti autant vivant. C'est grâce à toi... Mais pour moi, c'est trop tard. Je suis ailleurs, je suis trop loin. Je ne peux plus tomber amoureux. Mais toi, tu mérites le meilleur.
4. ALEX: En couple il existe trois catégories de femmes: celles qui sont heureuses, celles qui sont malheureuses mais qui assument, et il y a celles qui sont malheureuses mais qui ne se l'avouent pas. Cette dernière catégorie de femme est mon fonds de commerce.

Exercice 12. On analyse

En groupes de quatre à cinq, dites pourquoi ou en quoi ces scènes sont significatives. Discutez de l'humour, de l'ironie, des jeux de mots, etc.

1. Scène où Alex essaie de séduire Juliette : il prétend avoir une insensibilité à la cuisse (car elle a elle-même une insensibilité à l'épaule). Malheureusement Sophie, l'amie de Juliette, fait le test en lui plantant violemment une fourchette dans la cuisse.

2. Dans cette scène Alex veut attirer Juliette dans sa chambre. Il lui faut donc une bonne excuse. Après avoir fait dérégler le climatiseur de la chambre de Juliette, Marc, le beau-frère d'Alex intervient en prétendant être plombier.

3. Scène où Alex et Juliette dansent le restaurant vide sur la musique de *Dirty Dancing*.

4. Scène où Alex fait tomber dans l'ascenseur les photos de Juliette et de son fiancé. Juliette les regarde incrédule.

Exercice 13. À vous de tourner!

1. En groupes, créez votre propre bande-annonce. Vous pouvez utiliser iMovie sur vos portables ou vos tablettes et vous inspirer de la bande-annonce officielle du film. Faites une recherche sur internet avec les mots clés *bande-annonce* (en français) ou *trailer* (en anglais). Les liens se trouvent aussi à la fin de ce chapitre.

Comparez les deux bandes-annonces. Sont-elles différentes ? Quelles sont les scènes qui sont choisies dans la bande-annonce en anglais ? Et en français ? Pourquoi ces choix ?
Présentez vos bandes-annonces à la classe. Laquelle est la meilleure ?

2. En groupes, créez une affiche pour le film. Vous pouvez utiliser Calameo pour obtenir des résultats plus professionnels ou alors Envato Elements (les liens se trouvent à la fin de ce chapitre). Discutez vos choix : qui avez-vous mis en gros plan ? Pourquoi ? Comment avez-vous résumé le film sur votre affiche ? Quelle est l'affiche la plus réussie de la classe ? Pourquoi ?

Notes Grammaticales

Exercice 14. Les verbes pronominaux

Ces verbes sont souvent utilisés dans le film, surtout quand un personnage exerce une action sur lui-même. Complétez les phrases suivantes du film avec les verbes pronominaux entre parenthèses.

a. Alex à Juliette : On ne _____ (se débarrasser — *get rid of*) pas de moi comme ça.

b. Juliette à Alex : Je suis fatiguée, je vais _____ (se coucher).

c. Juliette à Alex : Vous pouvez _____ (se détendre — *to relax*), je ne risque rien.

d. Alex à Juliette: On a passé une bonne soirée, mais ça _____ (s'arrêter—
   to end) là.

e. Juliette à Alex: (verbe au passé composé) Ça va? Vous _____ (s'ébouillanter—
   to scald oneself)

f. Alex à Jonathan: (verbe au passé composé) Je _____ (se marier) il y a deux ans
   et ils [mes parents] ne s'en sont jamais remis (*recover*).

 ## Exercice 15. Quand les verbes pronominaux ne sont plus pronominaux!

Attention, parce que les verbes pronominaux ne le sont pas toujours: par exemple quand l'action s'exerce sur quelqu'un d'autre et non sur soi-même. Complétez les phrases avec les verbes entre parenthèses. Expliquez pourquoi les verbes de l'activité précédente ne sont pas pronominaux dans cette activité.

a. Mélanie _____ (débarrasser—*to clear*) la table au restaurant.

b. Alex voudrait _____ (coucher—*to sleep*) avec Juliette.

c. Marc _____ (détendre) Sophie avec un coup de batte (*baseball bat*) quand elle
   veut _____ (coucher) avec Alex!

d. Alex (verbe au passé composé) _____ (arrêter) l'automobiliste qui avait volé le
   sac de Juliette.

e. Le serveur (verbe au passé composé) _____ (ébouillanter) Alex au restaurant.

f. Le père de Juliette _____ (marier) sa fille avec Jonathan bien qu'il pense que
   Jonathan n'est pas l'homme qu'il lui faut.

 ## Exercice 16. C'est à vous!

Posez des questions à vos camarades avec les verbes suivants (pronominaux et non pronominaux!)
a. Se déguiser pour Halloween
b. Déguiser son chien/chat/animal domestique
c. Tromper quelqu'un
d. Se tromper (dans les réponses d'une épreuve, par exemple)
e. Cacher (quelque chose à quelqu'un)
f. Se cacher pour faire peur à quelqu'un (ton/ta colocataire, ta sœur, ton frère, par exemple)

Exercice 17. Attention!

Dans la *Note Grammaticale* vous avez vu comment certains verbes changent de sens selon s'ils sont pronominaux ou non. Attention à ces subtilités du langage! Par exemple, ce n'est pas la même chose de dire «je suis fatigué, je vais me coucher» que de dire «je veux coucher avec toi». Et quand Alex dit qu'il veut «réveiller le volcan» en parlant de Juliette, qu'est-ce qu'il veut dire? Que Juliette va se réveiller? Comment demanderiez-vous à Juliette de se réveiller?

  ## Exercice 18. Le mot «plouc»

En groupes, lisez l'explication du mot «plouc» et faites le test pour savoir si vous êtes un/une plouc ou non! Comparez vos réponses avec la classe.

a. Dans le film, Juliette traite Alex de plouc. Il s'habille comme un plouc et il a l'air d'un plouc aussi. Ce terme, aux connotations négatives, fait référence à quelqu'un qui n'a pas de classe ni élégance, ou qui n'est pas à la mode; il désigne une personne qui n'est pas très sophistiquée ni raffinée. Ce mot vient de Bretagne quand les habitants de cette région venaient à Paris, au début du siècle dernier, à la recherche de travail. La plupart de ces habitants qui venaient s'installer à Paris provenaient de petites villes ou villages dont les noms commençaient par «Plou», comme *Plougastel* ou *Ploumagoar*. De là, le mot «plouc» est né!

C'est un terme assez péjoratif et lorsque Juliette traite Alex de plouc ce n'est pas un compliment! D'ailleurs, pourquoi pensez-vous qu'elle le traite de plouc? Est-il un plouc à votre avis?

b. Voulez-vous savoir si pour Juliette vous seriez aussi un/une plouc? Faites ce test et partagez vos résultats avec la classe: Faites une recherche sur internet avec les mots clés *terrafemina* et *plouc* (vous pouvez aussi trouver le lien à la fin du chapitre). Alors, êtes-vous un/une plouc? Pourquoi?

En anglais, y a-t-il un terme similaire pour désigner quelqu'un qui n'a pas beaucoup de classe et qui n'est pas très sophistiqué?

Les Liens Internet

Bande-annonce du film *Hitch*: www.youtube.com/watch?v=dMaq_pfxs-0
Bande-annonce de *Heartbreaker*: https://youtu.be/Dszl1YoH68M
Scène finale du film *The Graduate*: https://youtu.be/qzcWgtb1ERo
Les bandes-annonces: https://youtu.be/Dszl1YoH68M
https://www.youtube.com/watch?v=ZBABE6rqZWQ
Envato Elements: https://elements.envato.com/lp/design/?gclid=
    CLLQpubF19ICFUOXfgod2QYD_g
Test de plouc: www.terrafemina.com/article/etes-vous-plouc-faites-le-test_a273282/1

PATRICK BRUEL VALÉRIE BENGUIGUI CHARLES BERLING JUDITH EL ZEIN GUILLAUME DE TONQUÉDEC

AVEC LA PARTICIPATION EXCEPTIONNELLE DE FRANÇOISE FABIAN

le Prénom

UN ENFANT C'EST LE DÉBUT DU BONHEUR
UN PRÉNOM C'EST LE DÉBUT DES EMMERDES

UN FILM DE MATTHIEU DELAPORTE & ALEXANDRE DE LA PATELLIÈRE

Chapitre 4

LE PRÉNOM

 Peut-on déduire quel est le genre de ce film par l'affiche ? Justifiez votre réponse.

Synopsis

L'histoire est un huis clos racontant le déroulement d'une soirée en famille, à première vue ordinaire, qui au fur et à mesure tourne au cauchemar. Catégorisée comme comédie, la trame offre cependant plus que cela : il y a même une certaine tension ambiante, quand les acteurs passent de la plaisanterie de mauvais goût aux larmes, et de l'allégresse à l'exaspération. Vincent, un agent immobilier prospère, rayonnant quarantenaire et futur papa d'un petit garçon, est invité à dîner chez sa sœur Babou (Elisabeth) et son mari Pierre. Leur ami d'enfance, Claude, est également invité. Vincent est un capitaliste convaincu, tandis que Pierre est beaucoup plus libéral. Pierre est professeur de littérature à la Sorbonne et Vincent le considère comme un intellectuel de gauche et un donneur de leçons. Pierre, quant à lui, voit son beau-frère comme un arriviste bling-bling (nouveau riche au style ostentatoire) qui a fait du politiquement incorrect son arme de prédilection. Alors que sa femme Anna est comme à son habitude en retard, on demande à Vincent s'il a déjà choisi un prénom de l'enfant à naître : sa réponse plonge la famille dans le chaos, car il prend plaisir à défier son entourage par simple goût de la provocation. Il révèle qu'il a l'intention de nommer son fils Adolphe, ce qui consterne tout le monde. La situation finit par devenir incontrôlable, personne n'arrive à s'entendre et tout le monde ressort de vieilles rivalités, des problèmes non exprimés, et cela finit par révéler des personnalités insoupçonnées. Les sujets très sensibles défilent les uns après les autres. Toutes les vanités, les frustrations, les préjugés sociaux et politiques, poussent, un par un, les gens dans leurs retranchements et font ressurgir les rancœurs de chacun. On parle des nombreux défauts de Vincent, qui est vu par tous comme un être narcissique, matérialiste (il conduit un énorme 4×4 à Paris !), et uniquement intéressé par le profit et la spéculation immobilière. Puis c'est au tour des vices de Pierre, qui le font passer pour un radin, un intellectuel de gauche et lui donnent une image de bobo parisien (pour preuve les prénoms donnés à ses enfants, Apollin et Myrtille). Le salon de ces bobos parisiens se transforme en véritable champ de bataille, où personne n'est épargné. C'est donc au tour de Claude de passer au rôle d'accusé avec la révélation de son surnom (la Prune) dont il ignorait l'existence. Il apprend, à son grand désarroi, que tous le croyaient gay dû à son long célibat et sa vie amoureuse très discrète. A partir de là, les personnages iront de surprise en surprise !

Exercice 1. On se prépare

En groupes, répondez aux questions en préparation au film.

1. Quels sont les prénoms les plus populaires dans votre pays ? La mode des prénoms évolue-t-elle avec le temps ? Donnez des exemples précis.
2. Aimez-vous le prénom que vous avez ? Si oui, ou non, pourquoi ?
3. Selon vous, quelle doit être la qualité première pour un prénom ? Sa sonorité, sa marque sociale ou géographique, la valeur familiale qu'il représente ? Quoi d'autre ?
4. Pourquoi les Américains aiment -ils avoir un surnom (*nickname*) ? Est-ce le cas en France ? D'où vient cette différence ?
5. Dans votre pays, y a-t-il des prénoms qui appartiennent plus que d'autres à une catégorie sociale ? A une région ?
6. Cette histoire est tirée d'une pièce de théâtre qui est un huis clos, qu'est-ce que cela veut dire ?
7. Les adaptations de pièces de théâtre doivent composer avec les pièges du théâtre filmé. Quels sont les difficultés et les désavantages de ce genre de films selon vous ?
8. A votre avis, quels vont être les thèmes du film ?

 ## Exercice 2. Les acteurs et les personnages

Regardez le casting et dites si vous connaissez un/une des acteurs/actrices. Si oui, dites dans quel film vous l'avez vu(e) ou pourquoi vous le/la connaissez.

Patrick Bruel	Vincent
Valérie Benguigui	Élisabeth (Babou)
Charles Berling	Pierre
Guillaume de Tonquédec	Claude
Judith El Zein	Anna
Françoise Fabian	Françoise, la mère de Vincent et Babou

 ## Exercice 3. Le lexique

Lisez le lexique avant de faire des phrases avec les mots en caractères gras à la fin de la liste.

Un texto	Un SMS, un message
Quel bordel !	Quel désordre !
La vache !	Quelle surprise ! Zut alors !
Ça craint	C'est une mauvaise situation
Un 4×4	Un S.U.V.
Une belle affaire	Un bon accord
Un attardé mental	Un retardé mental

La maxime	Une citation connue
Starsky et Hutch	Héros de séries télévisées américaines des années 1970
La bouffe	La nourriture
Péter quelque chose (ici, le nez)	Casser quelque chose (casser le nez)
S'engueuler, une engueulade	Se disputer violemment
Ta gueule !	Tais-toi !
C'était débile	Cela n'avait pas de sens
Plomber l'ambiance (f.)	Gâcher l'ambiance de la soirée
Se bidonner	Rire
Ça te fait marrer ?	Ça te fait rire ?
Vous me gonflez	Vous me lassez, vous me fatiguez
Lâche-moi	Laisse-moi tranquille
Pauvre clebs (m.)	Pauvre chien (mot d'origine arabe)
Radin/e, pingre	Avare
Le fric	L'argent
La prune	Un homme efféminé
Une tata	Un homosexuel (péjoratif)
Un paquet de clopes	Un paquet de cigarettes
Les bobos	Gens chics et intellos (bourgeois-bohèmes, intellectuels)
Je dépérissais	Je mourais
Marrant	Rigolo
Une blague	Une plaisanterie
Son gamin	Son enfant
Ce mec	Cette personne, cet homme
Une grimace	Une expression faciale
La rancœur	Le ressentiment
L'aigreur (f.)	Amertume et irritation
La rancune	L'hostilité, le ressentiment

Voici des extraits du script où quelques mots du lexique sont présents. Quelles réflexions vous inspirent ces échanges ? Faites des phrases avec les mots en caractère gras et comparez-les avec celles de vos camarades de classe.

a. Quand Pierre voit la bouteille de vin que Vincent a apporté :
   « Un Cheval Blanc de 85, **la vache** ! »
b. Vincent parlant de l'appartement de Pierre et de Babou :
   « Vous avez fait **une belle affaire**, même sans ascenseur. »
c. Vincent dit à Anna qui se moque des prénoms des enfants de Pierre et de Babou :
   « Stop ! C'était une **blague** ! Je leur ai fait croire que nous allions appeler notre fils Adolphe ! »
d. Vincent qui traite Pierre de radin :
   « Tu es dans le dico (dictionnaire), regarde à « r », comme « **radin** ». Tu as trouvé mon adjectif, moi le tien ! »

Exercice 4. Vrai ou faux?

Indiquez si les affirmations suivantes sont vraies ou fausses.

1. Babou est la sœur de Claude.	V	F
2. Anna n'aime pas les prénoms des enfants de Babou et Pierre.	V	F
3. Babou a souvent de l'aide quand elle est à la cuisine.	V	F
4. Enfant, Claude était le seul garçon au cours de danse classique.	V	F
5. Claude pense peut-être se faire muter à Lyon pour son travail.	V	F
6. Après le dîner, c'est Babou qui ramène Claude chez lui car il a le nez cassé.	V	F
7. Tout le monde ignorait tout de la relation secrète entre Claude et Françoise.	V	F
8. Anna accouche de jumeaux.	V	F
9. Vincent vend des voitures, plus précisément des 4×4.	V	F
10. Claude est premier trombone de l'Orchestre Philharmonique de Radio France.	V	F

 Exercice 5. Questions à choix multiples

Choisissez la bonne réponse d'après ce qui se passe dans le film.

1. Pierre est en colère parce qu'il y a un problème avec les pizzas
   a. Elles sont trop chères
   b. Elles sont livrées trop tard
   c. Elles sont trop cuites
2. La belle-mère de Babou lui explique au téléphone comment faire
   a. Un coq au vin
   b. Un couscous
   c. Une blanquette de veau
3. Vincent aperçoit sur une étagère le roman *Adolphe* de
   a. Benjamin Constant
   b. Victor Hugo
   c. Stendhal
4. Vincent pense que Pierre est
   a. Radin
   b. Jaloux
   c. Egoïste
5. Anna est en retard car elle avait un rendez-vous d'affaire avec des collègues
   a. Japonais
   b. Chinois
   c. Coréens

6. Quelle est la méthode de Vincent pour apprendre l'italien ?
   a. Prendre des cours particuliers
   b. Regarder les matchs de foot à la télévision italienne
   c. Passer des vacances d'été en Italie
7. Comment Pierre a-t-il tué accidentellement le chien Moka ?
   a. Il lui a donné à manger de la nourriture avariée
   b. Il lui a donné un coup de pied et l'a fait voler dans un étang
   c. Il l'a abandonné sur une autoroute
8. Pour le quatrième anniversaire de Myrtille, Vincent lui a offert
   a. Un iPod
   b. Un Rubik's Cube
   c. Un ordinateur
9. Tous pensent que Claude est homosexuel : pour quelle raison ?
   a. Il se fait faire des manucures
   b. Il pleure en regardant des films romantiques
   c. Il déteste regarder les matchs de foot à la télé
10. Quelle est le surnom de Claude ?
    a. La Pomme
    b. La Poire
    c. La Prune
11. Quelle est la raison que Vincent donne pour justifier le choix du prénom Adolphe ?
    a. C'est le héros d'un roman lu par Anna et lui-même quand ils se sont rencontrés
    b. Il aime les prénoms anciens
    c. C'est un prénom qui peut se prononcer dans toutes les langues

Exercice 6. Le thème de la discorde

Le film est une histoire de mots qui font éclater une vérité blessante et qui révèlent des maux enfouis. Le choix des prénoms des enfants est souvent un sujet sensible en France et source de bien des frustrations. Mais cela est bien loin d'être le seul sujet de discorde dans le film. Les questions politiques peuvent gâcher un repas familial et, dans une certaine mesure, la cohésion familiale. Répondez aux questions, si possible en groupes, en utilisant des exemples précis.

1. Avez-vous été témoin de disputes familiales chez vous ? A propos de quoi se dispute-t-on ? (Politique, religion, argent, etc.)
2. Anna dit à Vincent : «Tu dis toujours que tu préfères ne pas tout savoir. Que chacun doit avoir son jardin secret, sa part de liberté, qu'il ne faut surtout pas tout se dire». Commentez ce point de vue. Êtes-vous d'accord avec cette manière d'agir dans la vie de couple ?
3. Pierre et Vincent débattent sur l'image qu'ils ont d'eux-mêmes et sur celle qu'ils renvoient à la société... Vincent dit : «Je m'en fous, moi, de l'image que je renvoie ! Je m'en fous, moi, de ce que les gens pensent de moi ! Toi, au contraire, tu es obsédé par l'image que tu renvoies et, pire que tout, tu es obsédé par l'image que renvoient tes enfants ! Tu penses être

original, mais tu es snob! Juste snob!» Est-ce que l'image que vous renvoyez aux autres est importante? Pourquoi? Et pour votre famille, est-elle importante (à cause de ce que peuvent penser les gens de vous?) Pourquoi?

4. Vincent essaie de définir sa conception d'un artiste antifasciste : «Si Picasso avait appelé son fils Adolf, il aurait fait un bien plus grand manifeste pour la paix qu'en peignant Guernica!» Expliquez.

5. Pierre et Vincent diffèrent dramatiquement sur le thème de l'avarice. Pierre lui dit: «Tu serais généreux et moi je serais radin, c'est ça? Tu serais généreux parce que tu as offert un iPod à Myrtille pour ses 4 ans? Excuse-moi de ne pas avoir ton fric.» Vincent lui répond: «Parce que tu peux pas dépenser un sou sans y réfléchir à dix fois. Il suffit de voir comment tu tiens ton porte-monnaie. Ton petit porte-monnaie. Tu es tellement agrippé à lui qu'à chaque fois que tu sors une pièce on a l'impression que t'arraches un clou. Tu es une pince, Pierre!» Expliquez ces répliques.

On Tourne!

 Exercice 7. Le bon ordre

En regardant les photos du film, mettez les images en relation avec les dialogues qui correspondent. Pour chaque photo du film dans la première colonne, trouvez la phrase qui va avec, dans la troisième colonne. Notez dans la deuxième colonne quel personnage l'a dite dans le film. Pour ceci, essayez de vous rappeler dans quelle circonstance, à quel moment, pourquoi, etc.

1.		a. Je suis avec Françoise.
2.		b. Excuse-moi, je suis désolée d'arriver si tard...
3.		c. Stop! C'était une blague, une blague!
4.		d. Je suis peut-être pas obligée de me lever tout le temps.
5.		e. Ça suffit maintenant Claude. Dis-leur la vérité!

6.			f.	«Je ne l'ai jamais rencontré!»... Mais elle s'écoute quand elle parle?
7.			g.	Il m'a volé mon statut d'assassin!
8.			h.	Excuse-moi! Je ne savais pas qu'il aimait les filles.
9.			i.	Non! J'ai dit «on m'attend!»
10.			j.	Toi aussi tu trouves que je suis radin?

Après Le Visionnement Du Film

 Exercice 8. On discute

En groupes, répondez aux questions sur le film.

1. Tracez un portrait de chaque personnage: Vincent, Claude, Pierre, Elisabeth (Babou) et Anna. Commentez leurs personnalités (leurs côtés négatifs et positifs) et leurs professions. Avec qui vous identifiez-vous le plus? Le moins? Pourquoi?
2. Expliquez la différence entre l'orthographe d'Adolphe et d'Adolf dans le film. Commentez également cette remarque d'un des personnages sur les prénoms: «[Les prénoms] ce sont des Post-it collés sur le front».
3. Vincent apporte une bouteille de vin pour le dîner que lui a donnée un client. C'est une bouteille de Cheval Blanc. Pourquoi est-ce qu'Elisabeth et Pierre sont surpris, mais en même temps ravis, par cette bouteille? Est-ce que dans votre pays on donne autant d'importance au choix du vin pour accompagner un repas? Pourquoi? A quoi donne-t-on plus (ou moins) d'importance?
4. Pierre est surtout inquiet par le qu'en dira-t-on (ce que vont penser les gens si son neveu s'appelle Adolphe). Pourquoi faut-il tenir compte de l'opinion des autres? Quels sont les préjugés de Pierre?
5. Vincent dit à Pierre: «Mon fils sera un type formidable et fera tomber Hitler là où tu l'as mis». Expliquez cette réplique.
6. Anna a commencé à fumer pendant sa grossesse. Qu'en pensez-vous?

7. Anna fait une référence moqueuse aux prénoms des enfants d'Elisabeth et de Pierre : Apollin et Myrtille. Pourquoi pensez-vous qu'elle en parle ? Qu'est-ce qu'une myrtille ? Est-ce que vous connaissez des gens avec des prénoms peu communs et originaux ? Lesquels ? Que pensez-vous de ces prénoms ? Avez-vous un prénom préféré pour vos futurs enfants ? Lequel ? Pourquoi est-il votre préféré ?

8. Claude dévoile le secret qu'il a gardé pendant deux ans et que seule Anna connaissait. Expliquez la réaction de chacun des personnages : Vincent, Elisabeth et Pierre. Pourquoi ont-ils réagi comme ça ?

9. Pourquoi est-ce que Vincent donne à Claude le surnom de « La Prune » ? « La prune, comme la reine-claude ». Qu'est-ce qu'une reine-claude ? Et qu'est-ce qu'une reine ? Quel est le rapport avec Claude ?

10. Pierre traite Vincent d'égoïste parce que quand ils étaient tous les deux enfants, Vincent s'est dénoncé comme le coupable de la mort du chien Moka. Cependant, ce n'était pas Vincent qui avait tué le chien, mais Pierre en le jetant dans l'étang. Il accuse Vincent d'avoir « volé son statut pour se forger une légende ». Pourquoi ? Croyez-vous que le geste de Vincent était un geste égoïste ? Expliquez vos réponses.

11. Vincent traite Pierre de radin : « Tu as trouvé mon adjectif et moi le tien ». Est-ce que vous pensez que cette accusation est juste ? Pensez à ce que lui dit Vincent : « Il faut voir comment tu tiens ton porte-monnaie ! ». D'ailleurs il surnomme Pierre « une pince ». Quelle est la réaction d'Elisabeth ? Pensez-vous que Pierre est vraiment « une pince », un radin ? Développez votre réponse.

12. Pensez au surnom de Babou. Elisabeth est la seule dans le film qui a un surnom. Pourquoi ? Avez-vous un surnom ? Le préférez-vous à votre prénom ? Expliquez. Est-ce que vous donnez des surnoms à vos profs ? Lesquels ? Pourquoi ont-ils reçu ces surnoms ?

13. Elisabeth, exaspérée et profondément déçue par la soirée, fait des reproches à Pierre et à son frère Vincent. Que leur reproche-t-elle ? De quoi se plaint-elle ?

 ## Exercice 9. On rédige

Traitez un ou plusieurs sujets au choix. N'oubliez pas de justifier vos arguments et vos opinions, et de donner des exemples.

1. Dans le film, un des thèmes est le secret. Claude a un secret : il est l'amant de la mère de Vincent et d'Elisabeth depuis deux ans. C'est un secret de famille. Est-ce que les secrets sont communs dans les familles ? Quels sont les secrets les plus typiques dans la littérature, les films, les médias ? Est-ce une bonne idée d'avoir des secrets dans une famille ? Développez vos réponses.

2. Ecrivez votre opinion sur la différence d'âge dans les couples. Y êtes-vous opposé ? Etes-vous pour ? Indifférent ? Dans les couples hétérosexuels, que pensez-vous si la femme a 20 ans d'écart (20 ans de plus) que l'homme ? Et le contraire ? Justifiez vos réponses.

3. Dans le film, Elisabeth est déçue et fâchée en même temps, parce qu'elle croyait tout savoir de son ami Claude et découvre qu'il n'est pas homosexuel et qu'il a une relation amoureuse avec sa mère, Françoise. Elle ne connaît pas Claude, alors qu'elle croyait le connaître.

Connaît-on nos amis ? Nos amis nous connaissent-ils ? Est-ce qu'Elisabeth est plus en colère que Claude ait une relation amoureuse avec sa mère, ou de ne pas l'avoir su avant ? Expliquez vos réponses.

4. Les malentendus, les bagarres, les discussions dans le film commencent à partir d'une blague que fait Vincent à sa famille et à Claude, à propos du prénom qu'il a choisi pour son enfant qui va bientôt naître. C'est une blague de mauvais goût. Vous a-t-on déjà fait une blague de mauvais goût ? En avez-vous fait à vos parents ? A votre famille ? (Une sœur, un frère, etc.) Racontez la réaction : l'ont-ils bien prise ?

 Exercice 10. On réagit

Avec un ou une camarade de classe, écrivez vos réactions sur ces dialogues à double sens, ou humoristiques, ou, au contraire, tragiques du film. Pourquoi, à votre avis, sont-ils significatifs ? Quels commentaires et quels sentiments vous inspirent-ils ? Analysez-les et comparez vos analyses avec la classe.

1. PIERRE (AU LIVREUR DE PIZZA), qui s'est trompé d'appartement : Vous croyez quoi ? Que j'ai des robinets en or et des peaux de zèbre au mur ?

2. PIERRE en voyant l'échographie du bébé d'Anna et de Vincent : Si petit et déjà si riche [...] Il penche à droite comme son père !

3. ELISABETH qui a raté la discussion sur le prénom Adolphe/Adolf parce qu'elle était dans la cuisine, en arrivant dans le salon : On m'attend, merde !

4. Vincent explique que son fils ne portera pas le nom d'Anna.
   ELISABETH LUI DEMANDE : Tu trouves que Garaud-Larchet c'est ridicule ?
   VINCENT LUI RÉPOND : Je m'appelle Vincent Larchet, point. Je ne vois pas pourquoi mon fils s'appellerait Caravati-Larchet. Sinon il faut tout garder, et au bout de trois générations, il aura des cartes d'identité de 600 grammes.
   ELISABETH ESSAIE DE SE DÉFENDRE : En Espagne et au Portugal, on...
   PIERRE L'INTERROMPT VIOLEMMENT : Mais on s'en fout du Portugal !! Il veut appeler son fils Adolf, t'as entendu ? Alors on s'en fout de ce qu'il veut mettre derrière !

5. Anna, qui n'a pas dit grand-chose depuis son arrivée, à Pierre et à Vincent qui n'arrêtent pas de s'insulter : Vous vous valez bien tous les deux ! Vous monopolisez le dîner depuis tout à l'heure.
   ELISABETH : Elle a raison.
   ANNA : Est-ce que vous vous êtes demandé une fois si votre discussion nous intéressait ?
   ELISABETH : Elle a raison.
   ANNA : Est-ce que vous avez au moins félicité Babou pour son dîner ?

6. Anna insiste pour que Claude révèle son secret : ça a assez duré, dis-leur [...] dis-leur s'il te plaît.
   PIERRE : C'est pas vrai...
   ANNA : Dis-leur ou c'est moi qui leur dis.
   CLAUDE : D'accord, d'accord, je vais leur dire !
   VINCENT (AVEC PANIQUE À ANNA) : Attends, qu'est-ce qu'il va nous dire ?

CLAUDE : Je suis désolé Vincent. Je ne voulais pas que ça se passe comme ça.

VINCENT : Anna, c'est pas possible. T'as pas fait ça?

ANNA : J'ai pas fait quoi?

VINCENT : Toi, toi et lui là-bas...

7. VINCENT : «Moi, je me suis remis à l'italien. Oui... Je regarde les matchs sur la Rai.» (La Rai est une chaîne de télévision italienne.)

 ## Exercice 11. On analyse

En groupes de quatre à cinq, dites pourquoi ou en quoi ces scènes sont significatives. Discutez de l'humour, l'ironie, les jeux de mots, etc.

1. Scène de l'arrivée de Vincent au portail et comment Pierre lui donne le code de l'entrée. Vincent n'arrive pas à déchiffrer les indices que lui donne Pierre pour avoir le code.
2. Scène où Vincent, incrédule, rappelle à Claude comment son père et sa mère l'accueillaient quand Claude était petit.
3. Scène où Anna dit à Vincent qu'elle a du mal à ne pas le détester après qu'il a agressé Claude, en lui mettant un coup de poing sur le nez. Comme réponse, Vincent la provoque en doutant que l'enfant qu'elle porte soit de lui.
4. Scène de la mère qui appelle Babou pour savoir comment a été le dîner. Elle appelle juste après que Claude a révélé son secret et que Vincent lui a donné un coup de poing. Babou parle à sa mère avec beaucoup d'ironie.
5. Scène finale où Vincent annonce à sa famille qu'Anna a donné naissance à une fille et le prénom du bébé.

 ## Exercice 12. A vous de tourner!

1. En groupes, trouvez sur internet quels sont les prénoms les plus communs en France et dans le monde francophone actuellement. Comparez vos réponses. Pouvez-vous dire s'ils suivent une mode?
2. Quand la famille de Vincent et Claude essaient de deviner des prénoms qui commencent par un «A», un des prénoms est Astérix. En groupes, recherchez qui est Astérix et pourquoi c'est comique.
3. En groupes, comparez ces extraits de la pièce de théâtre *Le prénom*, dont le film est adapté : Faites une recherche sur internet avec les mots clés *dailymotion*, *extrait pièce*, *prénom* (vous pouvez aussi trouver le lien à la fin du chapitre).
Comment sont les acteurs? Est-ce que ces extraits sont similaires au film? Expliquez.
Comment est le décor? Comment réagit le public?
4. Regardez les répétitions de la pièce de théâtre : mots clés *dailymotion*, *répétitions*, *prénom*. Que pensez-vous des acteurs? De leur attitude? De leurs personnalités? Pensez-vous qu'ils s'entendent bien? Pourquoi?

Exercice 13. Les verbes croire, savoir et connaître

Dans le film, ces trois verbes sont utilisés assez fréquemment car il y a des scènes et des situations qui font référence aux croyances, aux connaissances et au savoir. Comparez ces phrases et expliquez les différences de sens entre les trois verbes:

- Pierre à Vincent d'avoir choisi le nom d'Adolf: «Tu **sais** ce que tu fais. Un acte fasciste!».
- Vincent à Pierre à propos de l'orthographe: «Comme tu le **sais** très bien, le Adolf de Hitler s'écrit avec un F [...]»
- Babou qui n'a pas pu entendre toute la conversation sur le prénom: «Je ne veux pas **savoir**! Vous n'avez pas voulu m'attendre, tant pis.»
- Vincent: «Plus j'y réfléchis, plus je **crois** que je vais appeler mon fils Adolf, avec un F».
- Vincent demande à Claude quel est l'homme qu'il déteste le plus. Claude répond: «Tu ne le **connais** pas».
- Vincent dit à Claude: «[...] alors **crois**-moi, Adolf Larchet détrônera Hitler».
- Claude à Vincent, quand il découvre que c'est une blague: «Tu **sais**... j'y ai vraiment **cru**».
- Vincent à Pierre qui vient de donner à Anna les indices pour le code du portail: «Elle **connaît** la date d'Austerlitz!»
- Vincent à Anna: «Chérie, je leur ai fait **croire** que nous voulions appeler notre fils Adolf.»

Exercice 14. Comparaisons

Comparez ces phrases au présent et au passé, et dites comment le sens des verbes savoir et connaître change selon le temps verbal utilisé.

Babou **connaît** Claude depuis qu'elle est petite.
Babou **l'a connu** à l'école.

Anna **sait** que Claude est avec Françoise.
Anna **a su** que Claude et Françoise étaient ensemble sans qu'on lui dise.

Vincent **savait** que Cary Grant était homosexuel.
Vincent **a su** que Cary Grant était homosexuel par la presse à sensation.

Personne ne **connaissait** l'histoire du chien Moka, noyé dans l'étang.
Ils **ont connu** l'histoire du chien Moka, parce que Vincent l'a racontée.

 **Exercice 15. Et vous ?**

Répondez aux questions par des phrases complètes.

a. Et vous ? Est-ce que vous avez cru que Vincent disait la vérité avec le prénom qu'il avait choisi ?
b. Est-ce que vous avez su que c'était une plaisanterie ?
c. Est-ce que vous connaissez le roman *Adolphe* de Benjamin Constant ? Si vous ne le connaissez pas, faites quelques recherches sur internet et partagez avec la classe ce que vous avez trouvé.

 Exercice 16. Croyances, connaissances et savoirs

Les constructions grammaticales de ces trois verbes (croire, connaître et savoir) vont décider du temps verbal que nous devons utiliser. Regardez les exemples ci-dessous et expliquez les temps verbaux :

Savoir que :	Anna ne sait pas que l'enfant qu'elle attend **est** une fille.
	Vincent sait qu'il **fait** une blague.
Savoir + infinitif :	Babou sait **préparer** des spécialités marocaines.
	Pierre ne sait pas **cuisiner**.
Croire que (affirmatif) :	Babou croit qu'elle **connaît** Claude.
Croire que (négatif) :	Au début, Pierre ne croit pas que le prénom **soit** Adolf, comme Hitler.
Connaître :	Vincent **connaît** Claude depuis longtemps.
	Vincent ne **connaît** pas le code du portail.

 Exercice 17. Soyez logiques !

Maintenant complétez les phrases de façon logique, d'après ce qu'il se passe dans le film. Comparez vos phrases et attention au temps verbaux et aux constructions grammaticales !

Par exemple : Anna connaît...
          ... la femme qui est avec Claude.

Anna sait que...
Vincent croit que...
Babou ne connaît pas...
Françoise (la mère) ne sait pas que...
Pierre ne croit pas que...
Claude sait...

Exercice 18. Les expressions idiomatiques

Dans toutes les langues nous avons des expressions idiomatiques. C'est-à-dire des expressions que nous ne pouvons pas traduire littéralement parce qu'elles n'ont aucun sens! Il faut connaître leur sens et leur usage. Voici quelques expressions idiomatiques qui ont été utilisées dans le film. En groupes, pouvez-vous deviner leur sens? Ensuite, comparez vos réponses avec la classe.

1. **Faire marcher** → Pierre à Vincent: «Tu ne vas pas faire ça? Tu nous **fais marcher**? Hein? Rassure-moi, c'est une plaisanterie?»
2. **Se faire envoyer sur les roses** → Elisabeth à Pierre: «Si j'ai le malheur de poser une question, je **me fais envoyer sur les roses**!»
3. **Faire gaffe** → A propos du vin qui s'est renversé sur la table: «**Fais gaffe!** Tu viens d'en renverser dix euros!»
4. **Donner la langue au chat** → Vincent à Pierre, Claude et Elisabeth qui essaient de deviner le prénom: «Vous êtes nuls! Vous **donnez votre langue au chat**? Et bien Adolphe!»
5. **Foutre le camp** → Elisabeth à Pierre en parlant du chat, Polo, quand la porte est ouverte pour le livreur de pizza: «Polo va **foutre le camp**!»

 ## Exercice 19. Qu'est-ce que ça veut dire?

Regardez ces phrases utilisant ces mêmes mots, mais d'une autre façon. Que veulent-ils dire?

1. Tous les jours je **marche** une heure →
2. Pour conserver la batterie de la voiture à mon grand-père, je la **fais marcher** de temps en temps →
3. Pour la Saint Valentin, mon fiancé **m'envoie des roses** rouges →
4. Marianne a beaucoup grossi dernièrement. Surtout ne **fais** pas **une gaffe** en lui demandant si elle attend un enfant! →
5. **La langue des chats** est très rugueuse comparée à la langue des chiens →
6. Juliette n'est plus notre amie. Elle est passée dans le **camp** ennemi! →
7. Le week-end je me repose et je ne **fous** rien! →

Il y a une grande différence, n'est-ce pas? Alors attention quand vous utiliserez ces mots et expressions!

Les Liens Internet

Extrait de la pièce: www.dailymotion.com/video/xfl0op
Répétitions: www.dailymotion.com/video/xemeol
Répétitions: www.dailymotion.com/video/xemzzk

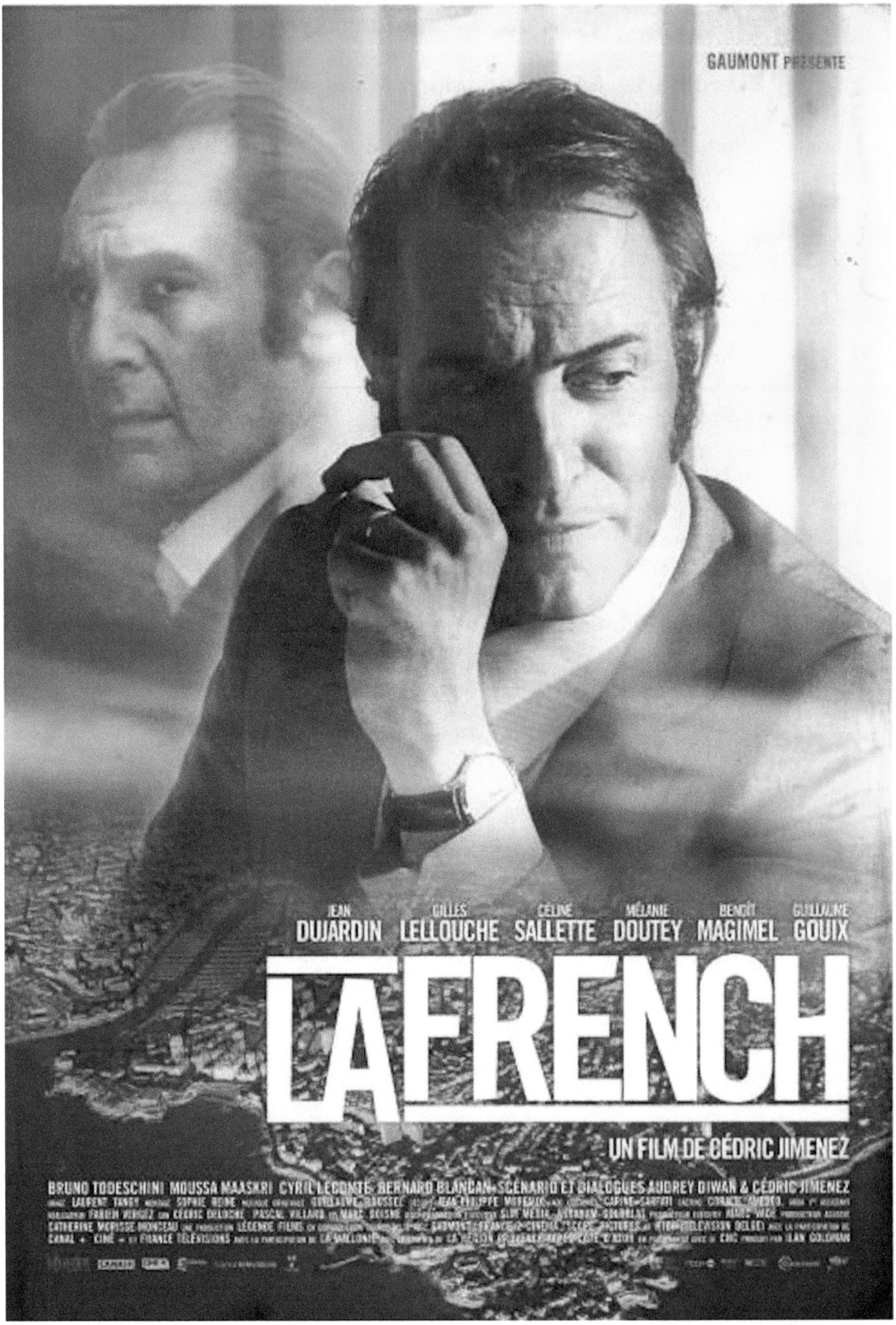
GAUMONT PRÉSENTE
JEAN DUJARDIN
GILLES LELLOUCHE
CÉLINE SALLETTE
MÉLANIE DOUTEY
BENOÎT MAGIMEL
GUILLAUME GOUIX
LA FRENCH
UN FILM DE CÉDRIC JIMENEZ
BRUNO TODESCHINI MOUSSA MAASKRI CYRIL LECOMTE BERNARD BLANCAN SCÉNARIO ET DIALOGUES AUDREY DIWAN & CÉDRIC JIMENEZ

Chapitre 5

LA FRENCH

 Le poster du film fait penser à un duel entre deux hommes. Lequel des deux semble le plus menaçant et pourquoi ? L'un est un policier et l'autre un mafieux : pouvez dire qui est qui ? Pourquoi une telle ambiguïté, à votre avis ?

Synopsis

L'histoire se déroule dans les années 1970 à Marseille. Le gang, que les Américains appellent La French Connection, sévit à l'aide de son réseau mafieux dans les bistrots de la ville, les restaurants et les discothèques de la région Provence-Alpes-Côte d'Azur. Pierre Michel, juge du grand banditisme, est choisi pour être en charge du dossier de sa vie : s'attaquer à la mafia marseillaise, une organisation criminelle active dans le business de l'héroïne dans le monde entier. Elle transforme de la morphine-base en héroïne et exporte le produit à New York sous le nom de La French. Avec la police locale, le juge Michel va livrer une bataille acharnée contre le réseau, dirigé par l'impitoyable Gaëtan Zampa, dit Tany, parrain de la drogue à Marseille qui augmente au fil des ans ses revenus du trafic grâce à l'extorsion et aux vols. Comme à son habitude, le juge Michel ne suit pas les mises en garde de ses amis et collègues et s'engage seul dans une lutte sans merci contre la famille Zampa. Les premiers échecs se font rapidement ressentir et très vite il comprend que, pour obtenir des résultats probants, il doit changer ses méthodes. Se sentant menacé par le comportement agressif du nouveau juge, l'un des lieutenants de Tany, dit Le Fou, rompt avec le chef du gang. Pour le punir, Zampa et ses hommes lui tendent un guet-apens et le laissent mourant sur un parking pensant l'avoir achevé. Mais ce dernier survit et s'échappe de l'hôpital quelques semaines plus tard. Commence alors une rivalité sanglante, tuant deux des chefs du gang, Franky et Robert, amis proches de Tany. Enragé et endeuillé, Tany riposte en tuant brutalement la petite amie du Fou et de nombreux passants innocents. Craignant une querelle criminelle qui détruisent plus de vies, le juge Michel fait appel au procureur et parvient à obtenir une surveillance illégale de tous les criminels impliqués dans la vendetta, évitant avec succès la confrontation entre Tany et Le Fou. Mais avec le temps, Pierre Michel souffre de dépression sévère qui est en grande partie due au stress que sa mission lui impose, mais aussi aux nombreux échecs qu'il est forcé de constater. De plus, sa femme, Jacqueline, le quitte en emmenant ses deux filles loin de lui. Un soir, dans l'un des casinos de Marseille contrôlés par la French, il aperçoit un de ses collègues, le vétéran de la police Ange Mariette, en train de s'entretenir avec Zampa. Il commence alors à comprendre la situation précaire dans laquelle il se trouve. Une partie de son équipe travaille avec la mafia. La confirmation vient du jeune Alvarez, qui atteste à contrecœur que Mariette est le chef d'un groupe de policiers corses corrompus. En 1981, le juge est désisté (*was withdrawn*) du dossier de la French Connection, mais il n'a pas dit son dernier mot.

Avant Le Visionnement Du Film

 Exercice 1. On se prépare

En groupes, répondez aux questions en préparation du film.

1. Aimez-vous les films de gangster? Pourquoi?
2. Quels sont les films connus dans votre pays qui parlent du grand banditisme et de la mafia?
3. Pourquoi, selon vous, les films sur la mafia sont-ils populaires parmi le grand public? D'où vient cette fascination, à votre avis?
4. Les personnages mafieux des films hollywoodiens sont souvent représentés de façon assez romantique, passant de la cruauté à la compassion, comme par exemple avec le personnage de Don Vito Corleone dans *Le Parrain* (*The Godfather*). Est-ce là un défaut ou un atout?
5. Le film se passe dans la ville de Marseille. Quelles images vous évoquent cette ville? En quoi est-elle différente des autres villes en France?

 Exercice 2. Les acteurs et les personnages

Regardez le casting et dites si vous connaissez un/une des acteurs/actrices. Si oui, dites dans quel film vous l'avez vu(e) ou pourquoi vous le/la connaissez.

Jean Dujardin	Pierre Michel
Gilles Lellouche	Gaëtan Zampa
Céline Sallette	Jacqueline Michel
Mélanie Doutey	Christiane Zampa
Guillaume Gouix	José Alvarez
Benoît Magimel	Le Fou
Bruno Todeschini	Le Banquier
Moussa Maaskri	Franky Manzoni
Féodor Atkine	Gaston Defferre
Cyril Lecomte	Marco Da Costa

Exercice 3. Le lexique

Lisez le lexique avant de faire des phrases avec les mots en caractères gras à la fin de la liste.

La came	La drogue
Se shooter	Se droguer par injection
Je vais crever	Je vais mourir
Un petit truc	Une petite chose
Une tête de mule	Quelqu'un de têtu
Flatter (quelqu'un)	Faire des compliments à quelqu'un
Contravention (f.)	Une amende
Mettre en taule (f.)	Mettre en prison (f.)
Stupéfiants (m.)	Drogues (f.)
Il s'en est sorti	Il a réussi à trouver une solution
Le foutoir	Le désordre
Une gonzesse	Une fille
Gavé d'oseille (f.)	Plein d'argent
Une montagne de fric (m.)	Une montagne d'argent
Le pognon	L'argent
Torgnole (f.)	Une claque
Rustre	Grossier, peu délicat
Merdeux (m.)	Petits garçons (péjoratif)
Un gamin	Un petit garçon
Se foutre à poil	Se mettre tout nu
Boire des coups (m.)	Boire de l'alcool
Il la trimbale	Il la promène
On s'en fout	On s'en moque
Je plonge	Je vais en prison
Je t'emmerde (vulgaire)	Je me moque de toi
Je m'en branle (vulgaire)	Je n'en ai rien à faire
Un voyou	Un gangster
Un pédé	Un homosexuel (péjoratif)
On bosse	On travaille
Derrière les barreaux (m.)	En prison
Avoir du cran	Avoir des nerfs d'acier (presque irresponsable)
Le flic	Le policier
Grande gueule (f.)	Quelqu'un d'exubérant, qui parle fort
Un couillon	Un idiot
Que dalle	Rien
On le fumera	On le tuera par balle (f.)
Coffrer	Mettre en prison
Obsèques (f.)	Funérailles (f.)

Un renseignement	Une information
Règlement de compte (m.)	Représailles, vendetta
La P.J.	La police judiciaire
On baise plus (vulgaire)	On ne fait plus l'amour
J'en ai marre	J'en ai assez
Une baston	Une bagarre
Trois piges (f.)	Trois ans
Tu es à cran	Tu n'en peux plus, tu es exaspéré
Pot de vin (m.)	Corruption (*bribe*)
Un passeur	Un dealer de drogue, quelqu'un qui transporte de la drogue
Retourner sa veste	Trahir et passer chez l'ennemi
Ça fait un bail	Ça fait longtemps
Flagrant délit (m.)	Pris sur le fait

Maintenant, regardez les mots et expressions du lexique utilisés dans le contexte grâce à des phrases tirées du film, et faites des phrases avec.

a. Vous êtes **une** vraie **tête de mule**, Pierre. Bon, j'ai pris une décision, à partir d'aujourd'hui, vous n'êtes plus juge des mineurs

b. [A la fête de Pierre suite à sa promotion, son ami Simon n'est pas allé à un match afin d'être là pour célébrer le succès de son ami] Pierre : Arrête, ça me gêne. Jacqueline : Mais non, tu aimes bien qu'on te **flatte** !

c. [Pierre qui va visiter la brigade des stupéfiants] Le Commissaire : Excusez **le foutoir**, les juges se déplacent rarement ici

d. Tany : Vous allez vous occuper des **obsèques**. Je veux des couronnes de fleurs, je veux que ça soit beau.

Pendant Le Film

 Exercice 4. Vrai ou faux ?

Indiquez si les affirmations suivantes sont vraies ou fausses.

1. Le film commence lors d'un interrogatoire d'une jeune fille droguée, membre de la French Connection.   V   F

2. Lucien Blanc, commissaire de police, prétend ne rien savoir sur le réseau de la French à Marseille.   V   F

3. Une des techniques des membres de la French pour imposer leur protection est de créer de fausses bagarres dans les discothèques.   V   F

4. Gaëtan Zampa est d'origine sicilienne, en Italie.   V   F

5. En perquisitionnant la maison du mafieux corse Peretti, la police trouve de la drogue cachée dans des saucissons.   V   F

6. La police arrive à retrouver l'ancien architecte qui a construit la maison de Peretti.   V   F

On tourne !

7. Michel prend l'argent de la mafia et le reverse à un centre de désintoxication pour drogués.   V   F

8. Lorsque le juge Michel rencontre Zampa, ce dernier lui propose de faire un pacte moyennant une compensation financière, ce que refuse le juge.   V   F

9. Le juge Michel soupçonne le maire de Marseille de protéger des trafiquants de drogues.   V   F

10. José Alvarez est un policier qui travaille en collaboration secrète avec la mafia marseillaise.   V   F

11. Désespérée Jacqueline, l'épouse du juge Michel, s'en va chez ses parents.   V   F

12. La discothèque Le Krypton rapporte énormément d'argent à Zampa.   V   F

 ## Exercice 5. Questions à choix multiples

Choisissez la bonne réponse d'après ce qui se passe dans le film.

1. Lily, la jeune femme qu'a interrogée le juge Michel, est retrouvée morte
   a. Elle s'est donné la mort en se jetant d'un balcon
   b. Elle a été tuée par des membres de la mafia Marseillaise
   c. Elle a fait une overdose de drogue

2. La famille Zampa a une tradition familiale pour dégoûter leurs enfants de l'alcool
   a. Ils les saoulent jusqu'à ce qu'ils tombent dans le coma
   b. Ils les enferment dans une cave pendant une semaine comme punition
   c. Ils les rouent de coups pour leur donner une leçon

3. Le juge Michel trouve un moyen de mettre la pression sur le mafieux Peretti en lui disant
   a. Les journaux qui servent à emballer le matériel pour produire de la drogue datent de moins de 10 ans et prouvent sa culpabilité
   b. Il va faire croire à tout le monde qu'il a trahi Zampa. Ainsi toute sa famille deviendra une cible pour une possible vendetta
   c. Il va faire arrêter son fils pour complicité

4. Les membres de la mafia marseillaise et les policiers font souvent référence à la « blanche ». Que signifie ce terme ?
   a. La poudre de coca
   b. La cocaïne
   c. L'héroïne

5. Envoyé par Zampa, Robert, un des hommes de la French, propose un pot de vin au juge Michel dans un bar
   a. En mettant de l'argent dans une boîte à gâteau de pâtisserie
   b. En laissant de l'argent dans une poche de la veste du juge
   c. En laissant de l'argent dans une enveloppe, dans sa boîte aux lettres

6. La femme de Pierre Michel lui reproche
   a. De mettre la vie d'innocents en danger
   b. De négliger ses filles et elle-même
   c. De ne penser qu'à sa promotion

7. Da Costa a peur de collaborer avec la police à cause de possibles représailles de Zampa. Il demande alors en contrepartie

   a. De changer d'identité avec une protection personnelle

   b. De vivre au Canada avec sa petite amie sous une nouvelle identité

   c. De lui obtenir une peine de prison réduite au procès

8. En 1981 un nouveau président de la République socialiste est élu. Gaston Deferre, alors maire de Marseille, est nommé

   a. Ministre de la Défense

   b. Ministre de l'Intérieur

   c. Ministre des Armées

9. Le juge Michel ironise sur le mode de vie de Zampa, en lui disant

   a. Il doit vivre dans la peur, avec garde du corps et gilet pare-balles

   b. Il finira un jour assassiné dans la rue par un rival mafieux

   c. Il est peut-être riche, mais il est très loin derrière ses amis américains

10. Un soir, le juge Michel aperçoit, dans une discothèque, Zampa en compagnie de

   a. Ange Mariette, un des inspecteurs de la police marseillaise

   b. Da Costa, le bras droit de Zampa

   c. Le frère de Minassian, qui travaille à la mairie de Marseille

11. José Alvarez est le cadet de la brigade. Qu'est-ce que cela veut dire ?

   a. Le plus jeune de la brigade

   b. Le plus expérimenté de la brigade

   c. Le plus respecté de la brigade

12. Lors de leur rencontre en tête à tête, Zampa reproche au juge Michel

   a. De mettre au chômage forcé beaucoup de commerçants

   b. D'être responsable de l'emprisonnement d'innocents

   c. Ne pas avoir de grandes ambitions professionnelles

 ## Exercice 6. Les ennemis

Quels sont les adjectifs qui, selon vous, vous permettent de décrire le caractère du juge Michel et de Gaëtan Zampa ? En groupes, choisissez cinq adjectifs pour chacun des personnages et écrivez une phrase en les utilisant (avec si possible un moment du film).

	Juge Michel	Gaëtan Zampa
Irrationnel		

Impulsif		
Magnanime		
Narcissique		
Impitoyable		
Perfectionniste		
Altruiste		
Attentionné		
Coléreux		
Anxieux		
Emotif/Emotive		
Sincère		
Sentimental/e		
Tenace		

  Exercice 7. Les clichés sur la mafia dans le cinéma

Depuis très longtemps, les clichés sur la mafia vont bon train à l'écran. Ils se portent tellement bien qu'ils sont devenus un véritable mythe, une partie intégrante de la représentation de la criminalité organisée. Lisez ces quelques exemples et essayez avec un/e camarade de classe d'en trouvez cinq autres. Pensez aux films sur la mafia (ceux d'Hollywood en particulier) que vous avez pu voir récemment à la télévision ou au cinéma.

• Les mafieux mettent toujours du gel dans les cheveux
• Les mafieux sont toujours entourés d'hommes de main grands et violents

- Les mafieux portent de préférence des costumes à rayures
- Dans le cercle de la mafia, il y a toujours un traitre qui doit être puni

1. _____
2. _____
3. _____
4. _____
5. _____

On Tourne!

 Exercice 8. Scènes et impressions

En regardant les photos du film, essayez, en groupes, de situer dans quelle scène elle fait partie et partagez vos impressions (description de la scène, son importance ou sa fonction narrative dans le film).

	Quelle est la scène?	Quelle est votre impression?
1.		
2.		
3.		
4.		
5.		
6.		

7.		
8.		
9.		

Après Le Visionnement Du Film

 ### Exercice 9. On discute

En groupes, répondez aux questions sur le film.

1. Le film se déroule dans les années 1970 à Marseille. L'héroïne était une des drogues les plus consommées. Est-ce la même chose aujourd'hui où vous habitez? Si votre réponse est négative, quelles sont les villes où il y a le plus de consommation d'opioïdes? Quelles en sont les raisons?
2. Marseille était une des villes les plus dangereuses dans les années 1970 en France. Et dans votre pays, quelle est actuellement la ville la plus dangereuse? Pourquoi?
3. Dans le film on voit la corruption et la droiture (l'éthique) s'opposer. Faites deux colonnes et mettez d'un côté les personnages du film qui sont corrompus et de l'autre ceux qui sont incorruptibles quoi qu'il arrive. Comparez-les. Donnez des exemples. Qui gagne à la fin, le bien ou le mal?
4. Comment sont les deux femmes dans le film: Jacqueline (épouse du juge Pierre Michel) et Christiane (épouse du trafiquant Gaëtan Zampa). Comparez-les et justifiez avec des exemples.
5. Pourquoi est-ce que Jacqueline part, avec ses enfants, chez sa sœur Marie? Pourquoi revient-elle avec Pierre?
6. Pourquoi est-ce que la DEA (*Drug Enforcement Administration*) est présente dans le film?
7. Pensez-vous que la lutte contre le trafic de drogues est possible? Peut-on la gagner? Ou croyez-vous, au contraire, que rien ne peut y faire? Expliquez.
8. Pourquoi est-ce qu'on appelle le juge Pierre Michel «the French cow-boy»?
9. Pourquoi est-ce que le juge comprend bien les mineurs qui sont héroïnomanes? Lui aussi souffrait-il d'une dépendance? Laquelle?
10. Pourquoi est-ce que le côté italien de Gaëtan Zampa est important? (Pensez à où est née la mafia.) D'où est originaire sa famille?

11. Les personnages marseillais du film ont l'accent du sud de la France. L'avez-vous discerné ? Comment est l'accent du Sud ? Par exemple, comment dit-on « maintenant », « en attendant » et « Gaëtan » ?

12. Commentez la fin du film : le juge assassiné et Zampa arrêté. Vous a-t-elle surprise ? Pourquoi ?

 ## Exercice 10. On rédige

Traitez un ou plusieurs sujets au choix. N'oubliez pas de justifier vos arguments et vos opinions, et de donner des exemples.

1. Jacqueline, l'épouse du juge Pierre Michel, a un pressentiment en voyant que son époux est en retard pour le déjeuner. Il est midi quarante et le juge n'est pas encore rentré manger. Elle sort de chez elle en courant et, effectivement, découvre son mari, gisant à côté de sa moto, mort. Avez-vous déjà eu des pressentiments, bons ou mauvais, dans votre vie ? Racontez dans quelle(s) circonstance(s), et les sentiments que vous avez eus.

2. Le thème principal du film est la lutte contre les trafiquants de drogue. Aux États-Unis, il y a des états qui ont légalisé la consommation de drogues dites douces, comme la marijuana (ou le cannabis). Pensez-vous qu'en légalisant le cannabis il y aura moins de trafiquants et que la production, en étant réglementée, présentera un produit de meilleure qualité ? Pensez-vous également qu'en légalisant la marijuana, les gens en consommeront moins, car l'attrait de ce qui est interdit n'est plus en jeu ? Expliquez votre réponse.

3. Connaissez-vous dans la vie réelle une figure emblématique (symbolique) comme le juge Pierre Michel qui a donné sa vie pour une cause en laquelle il croyait fermement ? (Sa femme l'accuse d'ailleurs d'être obsédé par La French parce qu'il croit si fort en la cause qu'il défend). Décrivez cette personne, comment elle a donné sa vie, et pourquoi elle est devenue emblématique.

4. Avez-vous déjà été victime ou témoin du *bullying* ou du racket sur les réseaux sociaux ? Lesquels ? Pourquoi ? Que s'est-il passé ? Comment vous en êtes-vous sorti(e) ?

 ## Exercice 11. On réagit

Avec un ou une camarade de classe, écrivez vos réactions sur ces dialogues à double sens, ou humoristiques, ou, au contraire, tragiques du film. Pourquoi, à votre avis, sont-ils significatifs ? Quels commentaires et quels sentiments vous inspirent-ils ? Analysez-les et comparez vos analyses avec la classe.

1. LE COMMISSAIRE LUCIEN BLANC de la brigade des stupéfiants raconte au juge son expérience avec La French : [...] Je suis parti six ans à Paris [...] et quand je suis revenu, je me sens plus chez moi. C'est La French qui fait la loi. Et c'est une putain de pieuvre.

2. Chez la petite amie de Da Costa (Dora). GAËTAN ZAMPA, qui n'est pas content, dit à Marco Da Costa avant de lui faire sniffer des lignes de cocaïne : Chez moi, à Naples, tu sais je suis napolitain, et bien on a une tradition, un peu rustre, mais très efficace. Quand un père voit pour la première fois son fils boire, qu'est-ce qu'il fait ? Il lui met une torgnole et on n'en parle plus [...] Chez moi, le père installe son fils à une table, lui sert une bouteille de Grappa, et il lui fait boire en entier. Verre, après verre, après verre. Le fils comprend pas et il pleure, et il vomit ses tripes, et fatalement, au bout d'un moment, il tombe dans le coma, pas très longtemps, cinq, six heures. Je peux t'assurer qu'après le gamin, il boira plus jamais une goutte d'alcool de sa vie. Tu me vois venir là, ou pas ?

3. Dialogue entre le juge et la mère de Lily Mariani :

    LE JUGE : Je peux voir Lily ?

    MME MARIANI : Lily ? On vous a pas dit ? Elle a fait une overdose. J'ai enterré ma petite fille la semaine dernière. Pourtant j'aurais juré qu'elle vous avait écouté. Je comprends pas ce qui s'est passé. Je croyais qu'elle avait arrêté.

    LE JUGE : Je suis désolé, Madame.

4. Dialogue entre Jacqueline (la femme de Pierre) et Pierre (le juge) :

    JACQUELINE : Mais un juge ça travaille pendant la journée dans un bureau. Tu veux pas être avec nous, le soir ? T'as pas arrêté. Regarde-toi : on dirait que tu as passé toutes tes nuits à jouer au poker. J'en peux plus [...].

    PIERRE : Mais tu délires ?

    JACQUELINE : Non, je délire pas du tout ! La vraie différence c'est que tu joues pas avec ton argent, tu joues avec ta vie.

5. Après que Le Fou soit emmené d'urgence à l'hôpital. Le juge chez le commissaire Bianchi, à la brigade de sûreté urbaine :

    LE JUGE : Je viens pour l'affaire du Fou.

    BIANCHI : Non, non, tout ce que vous voulez, mais pas ces dossiers.

    LE JUGE : Pourquoi ? Vous n'avez rien, c'est ça ?

    BIANCHI : Que dalle.

    LE JUGE : Pas d'empreintes, pas de preuves. Personne n'a rien vu !

    BIANCHI : Même pas de blessés. On pourrait croire qu'il s'est rien passé.

    LE JUGE : On dit que c'est Zampa qui a fait le coup.

    BIANCHI : Peut-être, mais c'est pas avec des « on dit » qu'on met derrière les barreaux.

    LE JUGE : Bien sûr. Donc on n'a rien à faire.

    BIANCHI : Oui, c'est perdu d'avance. On a mieux à faire.

    LE JUGE : C'est sûr. Et puis vous avez beaucoup de travail en ce moment.

    BIANCHI : On en sort pas.

    LE JUGE : Bon, et bien, vous avez raison, commissaire. Gardez vos forces pour la pêche.

6. Da Costa (qui a été arrêté et mis en prison) va au bureau du juge où l'attend sa petite amie.

    LE JUGE : [...] Ce carnet c'est la preuve que je cherche depuis six ans.

    DA COSTA : Quel carnet ?

LE JUGE : (Zampa 353808) On a vérifié, c'est le bon numéro. Il y a quelques heures vous ne connaissiez pas Zampa.

DA COSTA : Il est pas à moi, ce carnet, je vous jure !

 ## Exercice 12. On analyse

Voici quelques scènes importantes du film. En groupes de quatre à cinq, dites pourquoi ou en quoi ces scènes sont significatives. Discutez de l'humour, l'ironie, les jeux de mots, etc.

1. Les deux scènes avec le juge et Lily.
2. Scène où les policiers et le juge vont chez Charles Peretti, qui est dans son bain. Les policiers trouvent les sacs, mais la drogue n'est pas à l'intérieur. Peu de temps après, ils reviennent sur les lieux et casse le mur.
3. Scène où Marco Da Costa est dans le parking. Zampa et ses hommes arrivent.
4. Scène où Zampa et le juge sortent de leurs voitures et se rencontrent. (Le juge suivait Zampa en voiture, puis Zampa l'a suivi).
5. Scène où le juge est dans une cabine téléphonique et appelle sa femme qui est partie avec ses filles.
6. Scène entre le nouveau ministre de l'Intérieur (Gaston Deferre) et le juge, à Paris.
7. Scène de l'horloge (qui est réparée) et qui marque 12 h 40. Jacqueline met la table pour le déjeuner.

 ## Exercice 13. A vous de tourner !

En groupes, faites les activités suivantes.

1. Le film est « librement inspiré de faits réels ». Le juge Pierre Michel a-t-il vraiment existé ? A-t-il terminé sa vie comme dans le film ? Rentrait-il chez lui déjeuner ? Était-il à moto ? En groupes, faites une recherche sur internet, dans au moins trois journaux ou trois sources différentes (YouTube, Vevo, etc.), et discutez avec la classe du sort du juge et les détails que vous avez trouvés.
2. Et Tany (Gaëtan) Zampa a-t-il existé ? Est-ce qu'il est mort ? Etait-il un parrain redoutable comme dans le film, à la tête de La French ? En groupes, faites des recherches sur internet, dans au moins trois journaux ou trois sources différentes, et discutez ce que vous avez trouvé sur lui.
3. En groupes, regardez les trois premières minutes de l'entretien, par CLAP.CH, avec Cédric Jiménez, le réalisateur de *La French* et répondez aux questions. Faites une recherche sur internet avec les mots clés *La French, Interview, Cédric Jimenez* (vous pouvez aussi trouver le lien à la fin du chapitre).
   a. Dans quelle ville est-il né ?
   b. Pourquoi a-t-il voulu faire ce film ?
   c. Comment cette bande de mafieux (La French) l'a-t-il touché personnellement ?
   d. Quand a-t-il pensé à Jean Dujardin et Gilles Lellouche pour les rôles principaux (le juge et Zampa respectivement) ? Pourquoi ?

4. Jean Dujardin a été consacré à Hollywood. Comment ? Pour quel film ? Quelle année ? Qui étaient les autres acteurs qui avaient été nominés ? Faites une recherche sur internet avec les mots clés *Oscars*, *Jean Dujardin* (vous pouvez aussi trouver le lien à la fin du chapitre).

Notes Grammaticales

 ## Exercice 14. Les pronoms relatifs

Regardez les phrases suivantes et les pronoms relatifs qu'elles contiennent, puis identifiez leurs antécédents.

Par exemple : Marseille, la capitale de l'héroïne **qui** inonde aujourd'hui les rues.

qui : pronom relatif dont l'antécédent est Marseille, la capitale de l'héroïne ; on utilise *qui* parce que l'antécédent a la fonction de sujet ; *qui* est le pronom relatif sujet.

1. La drogue est un fléau **qui** sème la mort et la violence.
2. Ça fait une heure **que** je vous attends.
3. C'est La French **qui** fait la loi.
4. [La morphine] elle part dans des labos clandestins **où** elle y reste des semaines et des semaines.
5. La véritable force d'un intouchable c'est le silence **qu'**il impose aux autres.
6. Il y a une voiture **qui** nous suit.
7. Où sont les sacs ? **Lesquels** ?

 ## Exercice 15. Phrases incomplètes

Complétez les phrases avec les pronoms corrects.

1. Votre matériel de chimie, vous l'avez emballé avec du journal _____ date du 7 juillet 1966.

2. J'ai une question _____ me travaille depuis longtemps.

3. La prochaine fois _____ on t'embête, tu fais comme ça !

4. Ça fait trois piges _____ j'ai demandé à être muté.

5. Savez-vous la première chose _____ il a faite ?

6. Ce carnet, c'est la preuve _____ je cherche depuis six ans.

Exercice 16. Pronoms relatifs indéfinis

Dites pourquoi on utilise ces pronoms relatifs dans ces phrases, au lieu des pronoms que vous avez vus dans les activités précédentes :

1. Pierre, je suis ravi de **ce qu'**il t'arrive.
2. Vous savez pas. C'est trop dur. Vous savez pas **ce que** ça fait.
3. Je comprends pas **ce qui** s'est passé.
4. Je veux savoir **ce qui** t'a pris d'accepter.
5. Tu vas faire **ce que** je te dis.

 ## Exercice 17. Soyez logiques !

Complétez les phrases de façon logique, d'après ce qui se passe dans le film.

1. Zampa fait attention à ce que _____
2. Ce qui _____
3. Ce que _____
4. Dans le film, j'ai aimé tout ce qui _____
5. Dans le film, j'ai détesté tout ce que _____
6. Ce n'est pas juste ce qui _____

Pas De Faux Pas !

  ## Exercice 18. Expressions bien marseillaises !

Si vous allez à Marseille, non seulement vous allez trouver que l'accent est différent, mais vous allez aussi entendre des expressions ou des mots que vous ne connaissez pas, car ils sont seulement utilisés dans cette région. Avec un/une partenaire, essayez de deviner le sens des mots à gauche avec les mots à droite.

a. Y'a tarpin de monde à la plage !	1. Un fou
b. T'es un fada !	2. Regarde !
c. T'es un dégun !	3. La Vierge !
d. Vé !	4. Le pauvre/la pauvre !
e. Oh peuchère !	5. Etre comme tout le monde
f. Oh bonne-mère !	6. Parler beaucoup
g. Les Marseillais ont la tchatche !	7. Beaucoup

Avez-vous aussi dans votre région des expressions ou des mots typiques ? Lesquels ? Expliquez-les à la classe.

Exercice 19. C'est bien marseillais!

Marseille est aussi connue pour ses spécialités. En groupes, cherchez sur internet les spécialités suivantes. Comparez ce que vous avez trouvé avec la classe. Lesquelles aimeriez-vous goûter? Ou utiliser? Pourquoi?

1. Les calissons de Marseille
2. Le savon de Marseille
3. La bouillabaisse
4. La tapenade
5. Le pastis
6. Les navettes de Marseille
7. La Marseillaise

Les Liens Internet

L'entretien avec Cédric Jiménez: www.youtube.com/watch?v=2HQQDEYEfp0

GAUMONT Présente
Une Production QUAD

François Cluzet   Omar Sy

Intouchables

Un film réalisé et écrit par Eric Toledano & Olivier Nakache

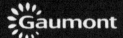

Chapitre 6

INTOUCHABLES

 Regardez l'affiche du film. A quoi vous fait-elle penser ? Un des protagonistes est un homme handicapé mais, à votre avis, pourquoi a-t-on volontairement effacé les traces du handicap ?

Synopsis

Philippe est veuf et tétraplégique. A la suite d'un terrible accident de parapente, il a perdu toute mobilité et doit maintenant réapprendre à vivre. Il doit donc constamment recevoir des soins à domicile administrés par des infirmier(e)s et aides soignant(e)s. Un jour, Driss, un jeune des banlieues d'origine sénégalaise, sans travail et qui vient de passer plusieurs mois en prison, se présente pour un poste vacant. Il vit avec sa mère et ses nombreux frères et sœurs, tous plus jeunes que lui, dans un petit appartement. Toutefois il n'est pas intéressé par ce poste, sa vraie motivation étant toute autre : il cherche uniquement à recevoir des indemnités de chômage. A sa grande surprise, Philippe lui offre le poste. Les premiers jours sont compliqués car Driss a du mal à apprendre comment s'occuper d'une personne handicapée. Mais grâce à la patience de Philippe, les deux protagonistes vont commencer enfin à se connaître et partager des moments uniques. Au début, tout semble pourtant opposer ces deux hommes. L'un est un riche aristocrate d'une cinquantaine d'années vivant dans le luxe d'un hôtel particulier dans les beaux quartiers de Paris, voyageant soit en jet privé soit avec sa Maserati, et l'autre est beaucoup plus jeune, il sort de prison, n'a qu'une culture limitée : celle de sa vie quotidienne. De plus, Philippe est passionné d'art moderne, de musique classique et d'opéra, alors que Driss ne connaît pas ce monde. Mais il se développe entre eux une amitié forte, bercée par un humour froid, cynique et sans pitié que les deux hommes ne vont pas manquer de cultiver. La chose que Philippe apprécie le plus chez Driss est son « manque de pitié » pour sa condition physique et la façon franche et directe dont il le traite, comme un homme normal. A la fin du mois de la période d'essai, et comprenant que Driss ne peut pas s'occuper de lui à plein temps, Philippe lui conseille, à son grand regret, de retourner s'occuper de sa famille et surtout de son petit frère qui semble-t-il est en danger à cause de mauvaises fréquentations (dealers de drogue du quartier). Malheureusement pour Philippe, tous les remplaçants sont loin d'être à la hauteur et aucun n'a le charisme de Driss. Philippe plonge alors dans une période de dépression, car son ami Driss lui manque énormément. Mais Driss n'est pas loin.

Sorti en 2011 et réalisé par Olivier Nakache et Éric Toledano, *Intouchables* est un film inspiré de la véritable histoire de Philippe Pozzo di Borgo et Abdel Yasmin Sellou. *Intouchables* est le film français le plus vu à travers le monde. Ce film a reçu le César du meilleur acteur pour Omar Sy et une nomination au Golden Globe du meilleur film étranger. Le remake américain, sorti en 2019 *The Upside* avec Kevin Hart et Bryan Cranston, a lui aussi connu un gros succès.

Avant Le Visionnement Du Film

  ### Exercice 1. On se prépare

En groupes, répondez aux questions en préparation du film.

1. Le titre, *Intouchables* : qu'est-ce que cela veut-il dire ?
2. Pourquoi ce titre ? Pouvez-vous anticiper le thème du film ?
3. Ce film est une comédie sociale qui parle de la solitude des personnes handicapées. Connaissez-vous des films qui parlent de ce même thème ? Lesquels ?
4. Est-ce que les personnes handicapées qui habitent dans les grandes villes aux Etats-Unis se sentent seules et exclues ? Y a-t-il plus de solitude dans les grandes villes ou dans les petites villes ? Y a-t-il une place pour les personnes handicapées dans la société ?
5. Le film se passe à Paris et se termine à Dunkerque. Connaissez-vous Paris ? Quelles sont les images qui évoquent la capitale de la France pour vous ? Et Dunkerque, vous savez où se trouve cette ville ? Est-ce un nom français ? Pourquoi ?

Exercice 2. Les acteurs et les personnages

Regardez le casting et dites si vous connaissez un/une des acteurs/actrices. Si oui, dites dans quel film vous l'avez vu(e) ou pourquoi vous le/la connaissez.

François Cluzet	Philippe
Omar Sy	Driss
Anne Le Ny	Yvonne
Audrey Fleurot	Magalie
Clotilde Mollet	Marcelle
Alba Gaïa Bellugi	Élisa
Cyril Mendy	Adama
Christian Ameri	Albert
Salimata Kamate	Fatou
Dorothée Brière	Éléonore

Exercice 3. Le lexique

Lisez le lexique avant de faire des phrases avec les mots en caractères gras à la fin de la liste.

ASSEDIC	Indemnités de chômage (fonds pour aider les chômeurs)
Un bas (des bas)	Un bas de contention est une longue chaussette ou collant qui serre la jambe
Égratignure (f.)	Légère blessure superficielle de la peau
Fausse couche (f.)	Interruption naturelle ou accidentelle de la grossesse
Un fauteuil roulant	Chaise sur roulettes pour les personnes à mobilité réduite ou paralysées
Magouille (f.)	Manœuvre malhonnête pour arriver à des fins personnelles
Un patron	La personne qui dirige une entreprise ou un commerce
Charrier	Plaisanter, se moquer gentiment de quelqu'un
Déconner	Plaisanter, dire des sottises, des bêtises
Larguer	Rompre avec son ou sa petit(e) amie(e)
Louper	Manquer
Rigoler	Rire
Abruti/e	Stupide
Dégueulasse	Dégoûtant
Poissard/e	Personne qui a toujours de la malchance
Timbré	Fou

Verlan et argot

Chelou	Bizarre (verlan pour le mot « louche »)
Chôme	Moche, laid (verlan pour le mot « moche »)
Une clope	Une cigarette
Connard/Connasse	Stupide, idiot/e
Connerie (f.)	Fausse information, action idiote ou sottise
Gamine/Gamin	Petite fille/Petit garçon
Godasses (f.)	Chaussures
Kiffer	Aimer
Oseille (f.)	Argent
Pécho	Flirter, draguer (verlan pour le mot « chopper »)
Se barrer	Partir
Taule (f.)	Prison
Tchatcheur/Tchatcheuse	Personne très bavarde qui raconte aussi des histoires fausses
Truc (m.)	Chose
Vachement	Très
Vanne (f.)	Blague, plaisanterie
Aller mollo	Aller doucement
C'est chaud	C'est compliqué, délicat, embarrassant
C'est du baratin	C'est faux, ce sont des histoires
C'est la galère	Mauvaise situation, difficile ou pénible

C'est un truc de ouf	Une chose incroyable (verlan pour le mot «fou»)
En coller une bonne	Gifler quelqu'un
Être accro	Être fan de
Kiffer grave	Aimer énormément
Péter un plomb	Devenir fou de rage et faire une bêtise en conséquence
Prendre le large	Partir (comme avec l'image de partir en bateau)

Voici des extraits du script où quelques-uns de ces mots sont présents. Regardez bien comment ils sont utilisés dans le contexte, puis faites des phrases avec ces mots. Comparez vos phrases avec celles de vos camarades.

a. Quand Driss dit à Philippe qui veut du chocolat: «Pas de bras, pas de chocolat», Philippe ne comprend pas. Alors Driss répond: «C'est une **vanne**! Je **déconne**!»
b. Quand Driss vient de rencontrer Philippe et voit qu'il ne sent rien dans les membres paralysés, il lui dit: «C'est **un truc de ouf**, ça»
c. Philippe a besoin de sortir de chez lui pour se changer les idées, Driss lui demande s'il veut partir (bien qu'il sache que, tout seul, il ne le peut pas): «Vous voulez **vous barrer**, c'est ça? Et on va où?» Philippe répond: «Respirer en fait»
d. Quand la police arrête Driss qui ne respecte pas la limitation de vitesse, et un policier demande à Philippe de sortir de la voiture: «Sortez!», Driss répond: «Il peut pas sortir. Il ne peut pas bouger [...] Y'a **un fauteuil roulant** dans le coffre»

Pendant Le Film

 Exercice 4. Vrai ou faux?

Indiquez si les affirmations sont vraies ou fausses.

		V	F
1.	Driss sort de prison et est intéressé à trouver un travail rapidement.	V	F
2.	Philippe est paralysé à la suite d'un terrible accident de moto.	V	F
3.	Philippe est veuf.	V	F
4.	Driss ne connaît pas bien la musique classique et l'opéra.	V	F
5.	Le petit frère de Driss a des problèmes avec la police dans son quartier.	V	F
6.	Magalie, la secrétaire de Philippe, tombe sous le charme de Driss.	V	F
7.	Driss ne s'occupe pas de la vie de son petit frère.	V	F
8.	La mère de Driss n'est pas sa mère biologique, mais sa tante.	V	F
9.	Après le départ de Driss, Philippe embauche des assistants plus performants que Driss.	V	F
10.	Driss a déjà voyagé en jet privé.	V	F
11.	Driss a déjà fait du parapente.	V	F
12.	Driss n'est pas né en France mais au Sénégal.	V	F
13.	Philippe va se remarier.	V	F

On tourne!

🎞 Exercice 5. Questions à choix multiples

Choisissez la bonne réponse d'après ce qui se passe dans le film.

1. Quel personnage dit? : « Un arbre qui chante. »
   a. Driss
   b. Philippe
   c. Magalie

2. Avec qui Philippe entretient-il une relation épistolaire?
   a. Yvonne
   b. Eléonore
   c. Magalie

3. Pourquoi Philippe dit-il à Driss? : « Je parie que vous ne tiendrez pas deux semaines. »
   a. Parce que Driss n'est pas docteur
   b. Parce que Driss n'est pas bien payé
   c. Parce que c'est un travail très dur

4. Qu'est-ce que Driss a volé?
   a. Une statuette
   b. Un œuf de Fabergé
   c. Un petit tableau

5. Pourquoi Adama est-il venu chercher son frère Driss?
   a. Il a besoin d'argent
   b. Il veut sa protection
   c. Il est curieux de savoir où son frère travaille à Paris

6. Quel personnage dit? : « L'art est la seule trace de notre passage sur Terre. »
   a. Yvonne
   b. Philippe
   c. Magalie

7. Qu'est-ce que la mère de Driss lui reproche?
   a. D'avoir fait six mois en prison
   b. De fréquenter des dealers de drogues du quartier
   c. De ne pas avoir donné de nouvelles

8. Pour quelles raisons Philippe « ne veut aucune pitié »?
   a. Il veut qu'on le traite comme les autres
   b. Il ne souffre pas
   c. Il s'est habitué à être sur un fauteuil roulant

9. Driss dit: « C'est un peu ambiance des Kennedy chez vous. » Il se réfère à
   a. L'avion a l'air présidentiel car très moderne
   b. Aux tragédies de la famille américaine et à celles de Philippe
   c. L'aspect très bourgeois de la vie de Philippe

10. Pourquoi Philippe décide de partir juste avant son premier rendez-vous?
    a. Il vient de changer d'avis et n'est plus amoureux d'Eléonore
    b. Il a oublié qu'il a un autre rendez-vous plus important avec son médecin
    c. Sa nervosité le fait souffrir énormément

Exercice 6. Le thème du handicap dans la société

Regardez les différents types de handicaps suivants. Ils parlent des personnes handicapées et des problèmes auxquels ces personnes sont régulièrement confrontées. En groupes, décrivez les situations et précisez en quoi consiste le problème. Complétez le tableau. Ensuite, dites si vous connaissez des films similaires où le problème du handicap dans la société est décrit de manière unique et convaincante.

Handicap	Problème auquel la personne handicapée est confrontée
un sourd	
un muet	
un handicap auditif	
un aveugle	
un handicapé moteur	
un fauteuil roulant	
être tétraplégique	
un handicapé mental	

On Tourne!

 ## Exercice 7. Le bon ordre

Avec un ou une camarade de classe, écrivez et mettez les images en relation avec les dialogues qui correspondent. Pour chaque photo du film dans la première colonne, trouvez la phrase qui va avec, dans la troisième colonne. Notez dans la deuxième colonne quel personnage l'a dite dans le film. Pour ceci, essayez de vous rappeler dans quelle circonstance, à quel moment, pourquoi, etc.

1.		a. C'est qui ce type? Autour de toi tout le monde s'inquiète.
2.		b. Six mois qu'on ne t'a pas vu et tu te plantes comme une fleur?
3.		c. C'est le principe d'une relation épistolaire.
4.		d. C'est un peu ambiance des Kennedy chez vous.
5.		e. On risque d'être un peu à l'étroit, je ne vis pas toute seule.
6.		f. Vous emballez pas trop quand même.
7.		g. Debout! C'est la nuit qu'il faut dormir!
8.		h. Barack Obama, ça c'est la classe.

 Exercice 8. L'humour dans le film

Avec un ou une camarade de classe, répondez aux questions suivantes sur l'humour.

1. Quelles sont les scènes d'*Intouchables* qui vous ont fait rire?
2. Qu'est-ce qui vous a fait rire dans ces scènes?
3. Y avait-il aussi des scènes où vous avez trouvé l'humour trop cruel ou inapproprié? Pourquoi n'avez-vous pas apprécié ces scènes?
4. Peut-on rire des personnes handicapées? Justifiez votre réponse avec des exemples précis.

Exercice 9. On discute

En groupes, répondez aux questions sur le film.

1. Comment Philippe et Driss se rencontrent-ils? A quelle occasion?
2. Comment se passe le premier jour de travail de Driss chez Philippe? Donnez des détails.
3. Quand Philippe a du mal à respirer la nuit, que fait Driss pour l'aider?
4. Philippe dit: «Je sens rien du tout mais je souffre quand même.» Expliquez cette phrase.
5. Quelles sont les réactions des amis de Philippe quand ils font la connaissance de Driss?
6. Décrivez la vie de Driss avec sa famille dans le petit appartement de banlieue. Donnez des exemples qui illustrent son quotidien difficile.
7. Quels sont les rares points communs entre Driss et Philippe?
8. Quelles sont les nombreuses différences entre les deux hommes? Qu'est-ce qui les sépare?
9. Que pense Driss de la relation épistolaire (par correspondance écrite) entre Philippe et Eléonore?
10. Quand Driss téléphone soudainement à Eléonore, quelle est la réaction de Philippe?
11. Pourquoi la dernière scène du film est-elle importante? Quelle est sa fonction? Décrivez-là.

 Exercice 10. On rédige

Traitez un ou plusieurs sujets au choix. N'oubliez pas de justifier vos arguments et vos opinions et de donner des exemples.

1. Un des thèmes du film est l'amitié entre Driss et Philippe, deux hommes complétement différents, venant de deux mondes différents, avec à priori peu de points en commun. Avez-vous un ami qui est différent de vous et pourtant un ami en qui vous vous confiez, avec qui vous êtes bien et vous vous amusez bien?
2. Philippe rencontre Eléonore par correspondance et il tombe amoureux d'elle sans l'avoir jamais vue. Que pensez-vous des relations qui se développent à distance? Peut-on tomber amoureux de quelqu'un que l'on n'a jamais vu? Est-ce que des sites comme match.com ont du succès? Pourquoi?
3. Le film se termine avec la première rencontre en tête-à-tête de Philippe et Eléonore. Imaginez la suite. Est-ce une relation vouée à l'échec?
4. Dans le film nous voyons deux modes de vies différents: celui de Driss, dans une cité à Bondy, et celui de Philippe, dans un quartier riche de Paris. Est-ce que dans votre pays il y a des différences sociales similaires à celles qui existent en France? Comment et où vivent les personnes moins aisées? Et les riches?

 **Exercice 11. On réagit**

Avec un ou une camarade de classe, écrivez vos réactions sur ces dialogues à double sens, ou humoristiques, ou, au contraire, tragiques du film. Pourquoi, à votre avis, sont-ils significatifs? Quels commentaires et quels sentiments vous inspirent-ils? Analysez-les et comparez vos analyses avec la classe.

1. Driss lit la lettre d'Eléonore. Elle a écrit : Je viens à Paris la semaine prochaine, appelle-moi..., trois petits points. Vous comprenez ce que ça veut dire?
   PHILIPPE : C'est bon, ça?
   DRISS : Bien sûr que c'est bon trois petits points! Un point, deux points, trois points : trois points, elle veut pécho!
2. Driss pense reconnaître la musique de Vivaldi : Je connais celle-là! Si, si je la connais, tout le monde la connaît! Mais si! Bonjour, vous êtes bien aux ASSEDIC de Paris, toutes nos lignes sont actuellement occupées, le temps d'attente est d'environ deux ans.
3. Au bistro, Philippe parle à Driss de sa femme qui est décédée d'un cancer.
   Putain, ce que je l'aimais! On a vécu une histoire incroyable [...] Mon vrai handicap c'est pas d'être sur un fauteuil, c'est d'être sans elle. [...] j'en ai vingt-cinq [œufs de Fabergé], comme les années qu'on a vécues ensemble : un par an. Commencez par me rendre l'œuf de Fabergé.

 Exercice 12. On analyse

En groupes de quatre à cinq, dites pourquoi ou en quoi ces scènes sont significatives. Discutez de l'humour, l'ironie, les jeux de mots, etc.

1. Scène sur la sexualité de Philippe. Driss sent de la curiosité et veut savoir ce que Philippe peut encore ressentir avec une femme, et ce qui lui donne du plaisir.
2. Scène dans laquelle Magalie présente à Driss sa copine.
3. Scènes sur les soins médicaux de Philippe que Driss doit apprendre à donner.
4. Scènes sur la musique, à l'opéra et le jour de l'anniversaire de Philippe.
5. Scène finale avec Philippe et Driss qui vont à la plage.

 Exercice 13. A vous de tourner!

1. En groupes, créez votre propre bande-annonce. Vous pouvez utiliser iMovie sur vos portables ou vos tablettes et vous inspirez de la bande-annonce officielle du film : Faites une recherche sur internet avec les mots clés *intouchables*, *bande-annonce* (vous pouvez aussi trouver le lien à la fin du chapitre).
   Présentez vos bandes-annonces à la classe. Laquelle est la meilleure?
2. En groupes, créez une affiche pour le film. Vous pouvez utiliser Calameo pour obtenir des résultats plus professionnels. Votre affiche ressemble plutôt à celle du remake *The Upside* (2019) ou à *Intouchables*? Pourquoi?

Notes Grammaticales

 Exercice 14. L'impératif

Il est souvent utilisé dans le film, en particulier dans les scènes où les aides-soignantes de Philippe lui prodiguent ses soins quotidiens, mais aussi quand Philippe demande à Driss de l'aider. Complétez ces phrases sorties du film avec les verbes à l'impératif.

La mère de Driss à Driss : _____ (prendre) tes cliques et tes claques (*take your stuff*) !

Philippe à Driss* : _____ (revenir) demain.

L'aide-soignante à Driss : _____ (regarder) la peau et les articulations ;

   [...] _____ (arrêter) tu vas le brûler !

Philippe à Driss : _____ (frotter) nom de Dieu !

L'aide-soignante à Driss : n'_____ (avoir) pas peur, _____ (aller)-y !

*Note : Philippe et Driss se vouvoient la plupart du temps, à l'exception de quelques situations où ils se tutoient. Conjuguez les verbes avec « tu » et aussi avec « vous ».

 Exercice 15. L'impératif et les pronoms d'objet direct et indirect

Quand on demande quelque chose à quelqu'un, il est normal d'utiliser des pronoms. Complétez les phrases avec les verbes à l'impératif et leurs pronoms correspondants.

Philippe à Driss (tu) : _____ (donner) un chocolat !

Philippe à Driss (vous) : _____ (s'assoir)

Philippe à Driss (tu) : _____ (dire), pourquoi les gens s'intéressent à l'art ?

Driss au policier (vous) : _____ (lâcher) !

Driss au policier (vous) : Ne _____ (se presser) !

Pas De Faux Pas !

 Exercice 16. Négations

Avec un ou une camarade, répondez aux questions sur le langage parlé et la négation.

1. Avez-vous remarqué ce qui manque aux négations quand Philippe dit à Driss : « Je sens rien du tout mais je souffre quand même » ou quand Driss dit à un des policiers que Philippe ne peut pas sortir de la voiture : « Il peut pas sortir » ?
   Si vous avez répondu qu'il manque la première partie de la négation « ne », vous avez bien vu !
2. Pourquoi croyez-vous qu'ils parlent comme ça ?

3. Regardez ces négations souvent utilisées dans le langage parlé : Je comprends rien ; Je sais pas ; Je te vois jamais ! Il parle plus de sa copine. Comment sait-on de quelle négation il s'agit ? Est-ce que « ne » est indispensable pour la compréhension de la négation ? Pourquoi ?

 ## Exercice 17. Verlan ou *slang* !

Lisez cette explication sur le verlan et répondez aux questions. Ensuite comparez vos réponses avec la classe.

Tout comme en anglais, les Français utilisent l'argot dans la vie quotidienne. Aux États-Unis, l'argot n'est pas utilisé de manière régulière et homogène par tous, et son emploi continue à évoluer et à se transformer rapidement. Il en va de même pour le français. Historiquement, le français a toujours eu recours à l'argot dans la culture populaire (cinéma et musique en particulier). Dans la deuxième moitié du XXe siècle, avec l'arrivée d'immigrants de l'Afrique du Nord en particulier, le multiculturalisme s'est développé et se retrouve dans la vie quotidienne, mais aussi dans le langage. Ainsi des mots issus de l'arabe sont adaptés à la langue française, tels que « kiffer » (aimer), ou « avoir la baraka » (avoir de la chance). Ces mots font partie des derniers ajouts au lexique français et sont nés dans les cités de banlieues. Ils étaient principalement utilisés par les jeunes Français issus de l'immigration. L'utilisation de certains de ces mots peut donner une indication sur l'origine sociale et ethniques des gens. Cependant à partir des années 2000, au lieu d'être marginalisés et confinés aux cités, ces mots d'argot sont devenus de plus en plus utilisés chez les adolescents, et adultes français à travers tout le pays, et plus seulement dans les cités. Aujourd'hui ils apparaissent même régulièrement dans les journaux et à la télévision.

Le verlan est également un type d'argot (*slang*). Cependant, ce qui le distingue de l'argot traditionnel, c'est que les mots sont utilisés à l'envers. Ainsi, le mot « femme » en verlan devient « meuf ». Essayez de dire « femme », puis prononcez-le de droite à gauche et vous entendrez « meuf » ! Voici d'autres exemples : truc de « ouf » (fou), pour ne pas dire « chelou » (louche), « keuf » (flic), « beur » (arabe) « kaïra » (racaille), « véner » (énervé), « pécho » (choper), « à donf » (à fond) ou « renoi » (noir). Le verlan est également originaire des cités et est devenu populaire auprès des jeunes et des moins jeunes. Le mot « verlan » lui-même est « l'envers », ce qui signifie « inverse ». Maintenant, essayez de dire ces mots à haute voix !

1. Dans le film, vous pouvez entendre Driss dire : « elle me kiffe ! » en parlant de Magalie. Que veut-il dire par là ? Si vous pensiez que cela signifiait « elle m'aime bien », vous aviez raison ! Alors, comment diriez-vous « Je vous aime bien/je t'aime bien » ?
2. Driss utilise le verlan dans le film quand il dit « C'est un truc de ouf ». D'où pensez-vous que vient le mot « ouf » ? Quel mot prononcé à l'envers donne le mot « ouf » ?
3. Langage et identité : est-ce que le langage nous définit ? On dit que nous sommes ce que nous mangeons, mais sommes-nous « ce que » nous parlons ? Est-ce que Driss est défini par son langage ? Justifiez vos réponses.

Les Liens Internet

Bande-annonce officielle du film : https://youtu.be/34WIbmXkewU
Calameo : https://en.calameo.com/features

VY PRODUCTIONS PRÉSENTE

PIERRE NINEY
DE LA COMÉDIE-FRANÇAISE

GUILLAUME GALLIENNE
DE LA COMÉDIE-FRANÇAISE

CHARLOTTE LE BON
LAURA SMET
MARIE DE VILLEPIN

YvesSaintLaurent

UN FILM DE JALIL LESPERT

SCÉNARIO MARIE-PIERRE HUSTER JACQUES FIESCHI JALIL LESPERT

Chapitre 7

YVES SAINT LAURENT

 Le film est un film biographique (ou un biopic) sur un grand créateur de mode. Est-ce que l'affiche du film fait honneur et rend justice au célèbre créateur? Justifiez votre réponse.

Synopsis

Yves Saint Laurent (YSL) est né en 1936 à Oran, en Algérie. Dès son plus jeune âge, il rêve de dessiner des robes pour les célébrités. Il déclare: «Un jour, j'aurai mon nom gravé en lettres de feu sur les Champs-Elysées!». En 1954, alors âgé de 18 ans, il s'installe à Paris et suit des cours de dessin. Un an plus tard, il travaille chez Christian Dior comme assistant modéliste. En janvier 1957, Yves Saint Laurent, qui a tout juste 21 ans, est invité, à la surprise générale, à diriger la mythique maison de couture parisienne fondée par Dior. Tous les médias portent leur attention vers ce très jeune artiste qui est sur le point de présenter sa première collection pour Dior et qui gravit aussitôt, une par une, les marches de la haute couture. A la suite de son premier défilé triomphal et novateur, où il présente sa première collection *Trapèze*, son destin personnel bascule le jour où on lui présente Pierre Bergé, le futur amour de sa vie, homme d'affaire et mécène. Cependant, la guerre en Algérie fait rage et de nombreux Français sont appelés à combattre sous les drapeaux. En cette année 1960 lui aussi est appelé à faire son service militaire, et l'idée de porter un fusil et de se battre sur le sol où il est né, le révolte. Sa santé mentale en souffre et il est hospitalisé pour dépression. La publicité négative générée dans la presse provoque son licenciement de la maison Dior. N'ayant plus de travail, mais gardant une envie ardente de dessiner la mode, il fonde avec son nouveau partenaire d'affaires et de cœur, sa propre entreprise à son nom. Le succès est au rendez-vous, car la nouvelle maison s'avère rapidement l'une des plus grandes marques de luxe du monde. Celle-ci connaît une croissance incroyable grâce au succès des parfums, cosmétiques et autres accessoires de modes. Le film suit la vie de ce jeune styliste et de ses moments intimes. Introverti, créatif, mais terriblement inhibé, Yves Saint Laurent semble toutefois dans une retenue incessante. On y voit un jeune homme qui se sent souvent esseulé, écrasé par la pression, travaillant sans relâche. C'est aussi un homme émotionnellement tourmenté, d'une timidité maladive, qui va sombrer dans l'alcool et la drogue. En plus de l'appui de Pierre Bergé, Yves est aussi soutenu par son mannequin vedette Victoire, qui lui sert de muse pour toutes ses créations de la fin des années 1950 aux années 1960 avec la fameuse robe Mondrian et la collection *Pop Art*. Grâce à elle, il va prendre de l'assurance. Tous ses amis apparaissent comme des anges gardiens, la voix de la raison, et tentent à chaque instant de protéger l'artiste, des autres autant que de lui-même.

Avant Le Visionnement Du Film

  ### Exercice 1. On se prépare

En groupes, répondez aux questions en préparation du film.

1. Qu'est-ce qu'un grand créateur de mode selon vous ? Donnez votre définition en quelques phrases.
2. Yves Saint Laurent est une icône de la mode française, mais aussi mondiale. Connaissez-vous de grands couturiers/couturières dans votre pays ?
3. Quel est votre créateur ou créatrice de mode préféré(e) ? Expliquez votre choix.
4. A quelle(s) occasion(s) vous êtes-vous déjà habillé/e chic ?
5. Le film est un biopic, un film biographique sur la vie d'un personnage célèbre. Quels sont les avantages et les inconvénients de ce genre de film ?

 ### Exercice 2. Les acteurs et les personnages

Regardez le casting et dites si vous connaissez un/une des acteurs/actrices. Si oui, dites dans quel film vous l'avez vu(e) ou pourquoi vous le/la connaissez.

Pierre Niney	Yves Saint Laurent
Guillaume Gallienne	Pierre Bergé
Charlotte Le Bon	Victoire Doutreleau
Nikolai Kinski	Karl Lagerfeld
Xavier Lafitte	Jacques de Bascher

Exercice 3. Le lexique

Lisez le lexique avant de faire des phrases avec les mots en caractères gras à la fin de la liste.

Il est engagé chez Dior	Il est embauché, on lui offre un travail
Ménagez-vous	Calmez-vous
Faire la cour	Faire du charme
Un défilé	Une présentation de mode
Je m'en fiche un peu	Je m'en moque un peu
Faire la tronche	Bouder, ne pas être content
Une vente aux enchères	Une vente publique

J'en ai marre	J'en ai assez
Les mecs (m.)	Les hommes
Je foutais rien	Je ne faisais rien
Un/une enfant gâté/e	Un/une enfant qui a tout ce qu'il/elle désire
Fuguer	S'enfuir (pour les enfants)
Les cigales (f.)	Insectes qui sont souvent présents dans le Sud de la France
Un sursis	Une extension, une dérogation
Un pédé, une tapette	Un homosexuel (péjoratif)
Virer quelqu'un	Renvoyer ou licencier quelqu'un
Les prud'hommes	Tribunaux pour les différents professionnels
Bonjour Maître	Formule pour s'adresser à un avocat
Un calvaire	Un cauchemar
En vouloir à quelqu'un	Être en colère contre quelqu'un
Miser sur quelqu'un	Choisir, avoir ses espoirs sur quelqu'un
Un feu de paille	Phénomène furtif, éphémère
Il faut s'en foutre	Il ne faut pas faire attention
Foutez-moi la paix!	Laissez-moi seul!
Racoler	Solliciter quelqu'un d'une manière honteuse (souvent attribué à la prostitution)
Tu me fais chier (vulgaire)	Tu m'embêtes
Les coulisses	La partie qui est derrière une scène (au théâtre) ou un défilé
Les pieds-noirs	Les Français d'origine européenne nés en Algérie, ou plus généralement en Afrique du Nord, jusqu'à l'indépendance de ces pays
Une panne	Un problème (mécanique)
Tu es bourré	Tu es saoul
On aura l'air malin	On sera bien embarrassé (honte)
Je me tire	Je m'en vais
La muscu	La musculation
Tes conneries (f.)	Tes idioties (f.)
Faire de la pub	Faire de la publicité
Un macro	Un souteneur qui fait travailler des prostituées
Une catin, une pute	Une prostituée
Espèce de raté, de minable	Insulte pour quelqu'un qui n'a pas réussi sa vie

Regardez ces quelques mots ou expressions du lexique utilisés dans le contexte grâce à des phrases tirées du film, et faites des phrases avec.

a. Je ne peux pas dire qui sera assis devant lors du **défilé**.

b. Yves Saint Laurent : En dehors du travail, je ne sais rien faire, je suis perdu. Pierre : Vous êtes un **enfant gâté**!

c. Je veux que vous attaquiez Dior aux **prud'hommes** pour rupture de contrat.

d. La mode c'est beaucoup de travail. Voudriez-vous voir les **coulisses** avant un défilé?

e. Arrête de boire, Yves. Tu es **bourré**!

Exercice 4. Vrai ou faux?

Indiquez si les affirmations sont vraies ou fausses.

1. A 21 ans, Saint Laurent est le plus jeune couturier du monde. V F
2. Les œuvres abstraites comme celles de Piet Mondrian, artiste néerlandais, sont
une source d'inspiration pour YSL. V F
3. Avec la distance qu'il y a entre Paris et l'Algérie, YSL ne pense jamais à ses parents. V F
4. YSL est le premier couturier à dessiner des smokings pour les femmes. V F
5. Victoire a voulu se marier avec Yves dès qu'elle le rencontre. V F
6. YSL veut aller faire la guerre en Algérie car c'est là où il est né. V F
7. YSL aime s'occuper de l'organisation des défilés de mode. V F
8. Un jour les parents d'Yves reçoivent une voiture italienne en cadeau. V F
9. L'amant d'Yves Saint Laurent, Jacques de Basher, le quitte volontairement. V F
10. YSL invente le tailleur pantalon pour les femmes, inspiré par le costume de chasse. V F
11. A la fin des années 1960, en s'inspirant des motifs africains, il est le premier
couturier à faire référence à d'autres cultures, ce qui influencera la mode hippie. V F
12. Il a participé à la libération de la femme en favorisant le port du pantalon,
dans ses collections, à destination du public féminin. V F

 ## Exercice 5. Questions à choix multiples

Choisissez la bonne réponse d'après ce qui se passe dans le film.

1. Qui narre l'histoire du film?
   a. Une voix anonyme
   b. Pierre Bergé
   c. Yves Saint Laurent
2. A la mort de Dior, dans quel état d'esprit se trouve Saint Laurent?
   a. Stressé
   b. Relativement confiant
   c. Optimiste
3. Pour leurs premières vacances ensemble, Pierre invite Yves chez lui. Où exactement?
   a. A Paris
   b. Au Maroc
   c. En Provence
4. A l'hôpital militaire, le médecin, chef du service psychiatrique, annonce le pronostic
   a. Schizophrénie
   b. Maniaco-dépression
   c. Paranoïa

5. A l'issue de leur procès contre le propriétaire de la maison Dior, Pierre et Yves obtiennent
   a. Gain de cause
   b. 680 000 francs
   c. Une grosse perte d'argent
6. Pour fonder leur nouvelle société, Pierre et Yves trouvent de l'argent. Par quel moyen ?
   a. Ils empruntent aux banques
   b. L'argent obtenu à la suite du procès leur suffit
   c. Un milliardaire américain les aide
7. Les parents d'Yves veulent quitter l'Algérie. Où s'installent-ils ?
   a. Monaco
   b. Paris
   c. Maroc
8. Un jour Pierre Bergé est sollicité par une autre maison de mode. Laquelle ?
   a. Chanel
   b. Courrège
   c. Hermès

 ## Exercice 6. Yves Saint Laurent et l'idée de la mode

L'artiste français est connu pour ses créations, ses défilés et l'image de la France qu'il véhicule à travers le monde. Il est aussi connu pour de célèbres citations reprises par les médias de l'époque. En voici quelques-unes. Fournissez une brève interprétation personnelle pour chacune d'entre elles. Discutez de vos interprétations avec la classe.

1. « La mode est une maladie incurable. »
2. « Je ne suis pas un couturier, je suis un artisan, un fabricant de bonheur. »
3. « Les modes passent, le style est éternel. La mode est futile, le style pas. »
4. « Sans élégance de cœur, il n'y a pas d'élégance. »
5. « Les femmes qui suivent de trop près la mode courent un grand danger. Celui de perdre leur nature profonde, leur style, leur élégance naturelle. »
6. « Dans la haute couture, il n'y aura plus rien après Coco Chanel et moi. »
7. « J'ai toujours cru que le style était plus important que la mode. Ils sont rares ceux qui ont imposé leur style, alors que les faiseurs de mode sont si nombreux. »
8. « Je n'ai qu'un regret, c'est ne pas avoir inventé le jean. »

 ## Exercice 7. Sacha Guitry

Le dramaturge Sacha Guitry a commenté les effets de la mode dans la vie des couples. Êtes-vous d'accord avec le dialogue suivant, de l'un de ses films *Désiré*, (1937). Vous a-t-il fait rire ? Pourquoi ?

MONSIEUR : « Les hommes qui s'imaginent que les femmes s'habillent pour eux sont des naïfs ! Vous ne vous habillez pas pour les hommes. Vous vous habillez contre les femmes ! »
MADAME : « C'est un peu vrai. Mais tu peux ajouter que si c'est pour les femmes qu'on met de belles robes, c'est du moins pour vous, qu'on les retire. »

Exercice 8. Le bon ordre

Avec un ou une camarade de classe, écrivez et mettez les images en relation avec les dialogues qui correspondent. Pour chaque photo du film dans la première colonne, trouvez la phrase qui va avec, dans la troisième colonne. Notez dans la deuxième colonne quel personnage l'a dite dans le film. Pour ceci, essayez de vous rappeler dans quelle circonstance, à quel moment, pourquoi, etc.

1.		a. Vous vous rendez compte qu'en vous attaquant à Boussac vous vous attaquez à l'homme le plus riche de France?
2.		b. Je reste à Paris, comme ça tu seras pas tout seul.
3.		c. Tu es d'une vulgarité ma pauvre... c'est effarant.
4.		d. J'ai eu l'audace de me faire couper les cheveux.
5.		e. Je ne t'ai pas remercié pour la voiture.
6.		f. Tu es le seul homme avec qui j'ai envie de vieillir, tu sais?
7.		g. ... heureusement, sinon on se battrait toutes pour l'avoir!
8.		h. La mode, ça n'est pas un art majeur, ce n'est pas un art du tout même.

| 9. | | | i. | Je ne vois pas comment vous comptiez resserrer la taille sans cintrer davantage. |
| 10. | | | j. | Je n'ai peut-être aucun principe, mais je n'ai qu'une parole. |

Après Le Visionnement Du Film

Exercice 9. On discute

En groupes, répondez aux questions sur le film.

1. Comment est Pierre Bergé, le compagnon fidèle d'Yves Saint Laurent? Quelles sont ses qualités? Ses défauts?
2. Comment est la relation entre Pierre et Yves? Donnez des exemples.
3. Yves commence avec la haute couture, puis incorpore le prêt-à-porter dans ses collections. Expliquez la différence entre la haute couture et le prêt-à-porter.
4. Dans le film, Yves Saint Laurent est hospitalisé dans un hôpital psychiatrique. Pourquoi? De quoi souffre-t-il? A-t-il une maladie mentale curable? Quels traitements doit-il suivre? Comment cette maladie va influer sur ses créations et son art? Et dans sa vie personnelle? (Pensez, entre autre, aux effets secondaires que lui produisent ses médicaments.)
5. Tracez l'évolution d'Yves Saint Laurent; pensez à comment il était jeune et avant sa mort: sa personnalité, son attitude, ses amitiés, ses amants, sa relation avec Pierre Bergé, avec Victoire, avec Loulou et avec ses parents. Voit-on un grand changement dans le film?
6. Yves Saint Laurent est né à Oran, en Algérie. C'est à Paris qu'il devient célèbre et cependant, c'est dans sa maison à Marrakech qu'il renouvelle son art et fait des rencontres qui le marqueront le reste de sa vie. Pourquoi? Qu'est-ce que Marrakech a de spécial? Quelles rencontres fait-il? Comment se sent-il à Marrakech?
7. Beaucoup de créateurs ont des muses et des égéries. Dans le cas de Saint Laurent, ses muses célèbres furent Victoire, Loulou de la Falaise et Betty Catroux. Décrivez leurs rôles et l'importance qu'elles ont eu pour Yves Saint Laurent.
8. Que pensez-vous des exigences du mannequinat chez les femmes? Et chez les hommes? Est-ce que les mannequins doivent faire beaucoup de sacrifices? Lesquels? Pourquoi?
9. Analysez la voix off de Pierre Bergé tout au long du film. Que nous apporte cette voix? Qu'est-ce qu'elle exprime? Pourquoi est-elle importante?
10. Comment sont les dernières collections d'Yves Saint Laurent dans le film? En quoi sont-elles révolutionnaires? D'où vient le succès du couturier? Et aujourd'hui, est-ce que sa marque se vend bien? Est-elle connue? Avez-vous quelque chose d'Yves Saint Laurent? (Un parfum? un sac à main?)

11. Pensez à la première image du film — Yves Saint Laurent, jeune, à son bureau devant une fenêtre — et à la dernière image du film — Yves, de dos, à son bureau, devant une fenêtre. Expliquez leur signification, leur symbolisme : que représentent-elles ? Pourquoi ce choix d'images ?

12. Yves Saint Laurent commence sa carrière comme couturier et créateur chez Christian Dior, puis côtoie Karl Lagerfeld, ce sont tous trois de grands créateurs de la mode. N'y a-t-il que des hommes couturiers dans le monde de la mode à ce niveau ? (Pensez à Louis Vuitton et Gianni Versace.) Pourquoi ? Connaissez-vous des femmes créatrices célèbres dans le monde de la mode (dans le passé et dans le présent) ? Qui ? Discutez et comparez leur influence.

13. Quels sont vos créateurs/créatrices préférés/préférées ? Pourquoi ? Comparez vos réponses.

 ## Exercice 10. On rédige

Traitez un ou plusieurs sujets au choix. N'oubliez pas de justifier vos arguments et vos opinions, et de donner des exemples.

1. Un des thèmes du film est la mode. Pourquoi les gens suivent la mode et sont à la mode ? Qui sont les *fashion victims* ? De quoi sont-elles victimes ? Est-ce important d'être à la mode pour avoir un statut social ? Pour appartenir à un groupe ? Et vous, suivez-vous la mode ? Justifiez vos réponses.

2. Yves Saint Laurent a été traité de génie. Qu'est-ce qu'un génie ? Est-ce une chance d'être un génie, ou au contraire une malédiction ? Pourquoi ? Est-ce difficile pour un génie de s'adapter à la société ? Pensez à d'autres génies célèbres et citez-les comme exemples.

3. Dans le film, on voit des femmes mannequins défiler pour Yves Saint Laurent. Il n'y a pas d'hommes. Le thème de l'objectivation de la femme est un sujet prévalent (surtout chez les féministes). Est-ce que les femmes mannequins sont considérées comme des objets ? Pourquoi ? Analysez le sujet de la femme objet dans la publicité et dans l'industrie de la mode. Et les hommes sont-ils perçus comme des objets aussi ? Y a-t-il des différences entre l'image que nous renvoient les publicités masculines de la mode et celle des femmes ?

4. Dans le film, Yves lit un article à Pierre sur la créativité exceptionnelle des « nerveux » (c'est-à-dire les personnes avec des maladies mentales) : « Tout ce qui nous vient de beau, vient des nerveux ». Faut-il être mentalement perturbé ou existentiellement angoissé pour pouvoir créer des chefs d'œuvres ? Donnez des exemples afin de justifier votre réponse.

 ## Exercice 11. On réagit

Avec un ou une camarade de classe, écrivez vos réactions sur ces dialogues à double sens, ou humoristiques, ou, au contraire, tragiques du film. Pourquoi, à votre avis, sont-ils significatifs ? Quels commentaires et quels sentiments vous inspirent-ils ? Analysez-les et comparez vos analyses avec la classe.

1. YVES À PIERRE qui ne veut pas faire la guerre d'Algérie : « J'ai reçu ma lettre d'incorporation. Mon seul combat c'est d'habiller les femmes. »

2. YVES À PIERRE : « A Oran, être pédé, c'était comme être criminel. Dans les toilettes on m'a battu. « Tapette ! » J'ai entendu ça. [Ma mère] elle ne m'a pas protégé. »

3. Quand des journalistes demandent à Yves qu'est-ce qu'il pense du surnom qu'on lui donne, le surdoué de la mode : « Sans mes ouvrières, mon travail resterait lettre morte. »
   PIERRE BERGÉ RÉPOND AUX JOURNALISTES : « Il est tellement modeste [Yves], parfois il pourrait s'excuser d'exister. »

4. VOIX EN OFF DE PIERRE : « Toi tu avais du génie, moi, j'ai su t'accompagner. Ce pacte n'a jamais été remis en cause. »

5. YVES, en colère et déçu, parle à Victoire : « Avec tes cheveux comme ça, on dirait une souillon. Tu es d'une vulgarité, ma pauvre, c'est effrayant. Son style, ce qu'elle est, c'est déjà passé [quand Victoire part]. »

6. Discussion entre Pierre et Yves, après qu'Yves soit rentré drogué de sa soirée avec son amant Jacques. [Yves vomit et s'évanouit.]
   PIERRE : « Pourquoi tu fais ça ? Tu te plais comme ça ? »
   YVES (parlant de Jacques) : « Je le trouve beau. Je le trouve élégant. Il a un beau corps. Il a de la grâce. Je l'aime. Mais l'homme de ma vie, c'est toi. »

7. VOIX EN OFF DE PIERRE, vers la fin du film : « Tu es rentré en maladie comme on rentre en religion. [...] Tu n'étais heureux que deux fois par an : en automne et au printemps. »

 ## Exercice 12. On analyse

En groupes de quatre à cinq, dites pourquoi ou en quoi ces scènes sont significatives. Discutez de l'humour, l'ironie, les jeux de mots, etc.

1. Scène du premier défilé d'YSL à la suite du décès de Christian Dior.
2. Scène où Yves découvre les tableaux géométriques du peintre Mondrian.
3. Scène où Victoire est invitée à dîner chez Pierre et Yves. Pierre assiste à la complicité entre Victoire et Yves. Pierre et Victoire se disputent et Pierre termine par la dominer (sexuellement).
4. Scène où on voit Yves et Pierre en moto à travers des paysages arides et ensoleillés du Maroc.
5. Scène où Yves se fait photographier nu, les cheveux mi-longs, après sa collection *Libération*.
6. Scène du dernier défilé dans le film.

 ## Exercice 13. A vous de tourner !

En groupes, faites les activités suivantes.

1. La bande sonore du film a été réalisée par Jalil Lespert et composée par Ibrahim Maalouf. En groupes, analysez les chansons suivantes et répondez aux questions ci-dessous.
   a. *Lighthouse* : Faites une recherche sur internet avec les mots clés *Ibrahim Maalouf* et *Lighthouse* (vous pouvez aussi trouver le lien à la fin du chapitre). Est-ce que cette chanson va bien avec la personnalité d'Yves Saint Laurent ? Pourquoi ? Pouvez-vous vous rappeler dans quelle scène vous avez entendu cette chanson ?

b. *Paris*: mots clés *Ibrahim Maalouf* et *Paris*

Paris est une musique sans paroles. Evoque-t-elle Paris? Pourquoi? Quelle image de Paris évoque-t-elle? Vous rappelez-vous dans quelle(s) scène(s) on a pu écouter cette musique?

c. *Pierre et Yves*: mots clés *Ibrahim Maalouf* et *Pierre et Yves*

Pierre et Yves est aussi une musique sans paroles. Quand vous l'écoutez, vous fait-elle penser au couple que formaient les deux hommes? Pourquoi? Exemplifie-t-elle cette relation? Comment? (Pensez aux instruments dominants, au rythme, à la cadence.)

d. *Looking for love*: mots clés *Ibrahim Maalouf* et *Looking for love*

Vous rappelez-vous dans quelle scène vous avez entendu cette chanson? Est-ce que cette chanson est bien choisie? Pourquoi? Comment est le rythme? Et la voix de la chanteuse? Et les paroles? Est-ce que ça vous surprend que les paroles soient en anglais?

e. *Les quais*: mots clés *Ibrahim Maalouf* et *Les quais*

Pensez au titre de cette chanson. Où se déroule l'action? Que se passe-t-il? En quoi cette musique va bien avec ce que voient les spectateurs sur l'écran?

2. En groupes, regardez ces publicités récentes de la marque Yves Saint Laurent. Ensuite répondez aux questions.

a. Rouge Pur Couture: mots clés *Yves Saint Laurent* et *Rouge Pur Couture*

Expliquez le slogan: Rouge Pur Couture, Le rouge qui m'habille. (Pensez à comment est habillé le mannequin et à la couleur du rouge à lèvres). Quel est le jeu de mot avec Rouge Pure Couture?

b. Opium: mots clés *Yves Saint Laurent* et *Opium*

Comment est représentée la femme dans cette publicité? Comment est-elle habillée? Pourrait-elle porter une création d'Yves Saint Laurent?

c. Y: mots clés *Yves Saint Laurent* et *Y*

Expliquez le slogan: Tout commence avec un pourquoi.

Maintenant comparez l'homme de Y avec la femme d'Opium. Est-ce que ces images d'hommes et de femmes représentent l'esprit d'Yves Saint Laurent? Sa marque? Comment se veut la marque d'Yves Saint Laurent?

Notes Grammaticales

 ## Exercice 14. Le retour en arrière

Dans le film, Pierre Bergé, le compagnon d'Yves, revient en arrière pour expliquer la vie du créateur qui est décédé. Pour cela, il utilise les temps verbaux du passé. Lisez les paroles de Pierre et expliquez pourquoi l'imparfait ou le passé composé sont utilisés:

Avec la collection *Libération* tu **as fait** scandale. Tu **as pris** goût à l'insolence. Tu **maltraitais** la bourgeoisie. **C'était** un geste social, révolutionnaire. Et la révolution **s'est bien vendue**. Elle **a tout balayé**. Tu **étais** magnifique en Christ et en superstar. Il **était** loin le petit séminariste.

Marrakech **n'avait** plus le même éclat pour nous. Je **t'ai protégé** de tout. Probablement trop.

Exercice 15. Le passé du passé

Toujours en voix off, Pierre utilise le plus-que-parfait pour parler de ce qui s'est passé avant d'avoir trouvé Yves. Au début du film, Pierre dit : « Yves, tu étais si jeune, si beau, si timide. Je ne **t'avais pas encore rencontré** et tu allais mener seul ton premier combat. »

a. Expliquez comment se forme le plus-que-parfait ? Et qu'est-ce qu'il exprime ?
b. Imaginez trois phrases que Pierre aurait pu dire au début du film, comme celle que vous venez de lire, en utilisant le plus-que-parfait. Par exemple : J'avais déjà été dans une relation de couple avant toi, mais je...

 ## Exercice 16. Soyez logiques !

Complétez les phrases de façon logique, d'après ce qu'il se passe dans le film, en utilisant le passé composé, l'imparfait ou le plus-que-parfait. Comparez vos phrases et attention au temps verbaux et aux constructions grammaticales !

Par exemple : Avant d'avoir connu Pierre...
        ... Yves n'avait pas connu l'homme de sa vie.

1. Avant d'être arrivé à Paris... Yves...
2. Quand Yves était chez Christian Dior...
3. La première fois que Pierre a vu Yves...
4. Quand Pierre et Yves habitaient à Marrakech...
5. Quand Pierre a rencontré Loulou de la Falaise à Marrakech...
6. Avant d'avoir eu une liaison avec Jacques... Yves...
7. Après chaque défilé... Yves...

Pas De Faux Pas !

 ## Exercice 17. Les expressions idiomatiques

Dans toutes les langues nous avons des expressions idiomatiques. C'est-à-dire des expressions que nous ne pouvons pas traduire littéralement parce qu'elles n'ont aucun sens ! Il faut connaître leur sens et leur usage. Voici quelques expressions idiomatiques qui ont été utilisées dans le film. En groupes, pouvez-vous deviner leur sens ? Ensuite, comparez vos réponses avec la classe.

1. **Faire semblant** → Pierre à Yves : « Au moins **fais semblant** [...] de me supporter. »
2. **Falloir à tout prix** → Pierre (en voix off) : « Il **fallait à tout prix** trouver des investisseurs. »
3. **Manquer à quelqu'un** → Yves à Pierre : « Je voulais te dire que **tu me manques**, c'est tout. »
4. **Prendre soin de quelqu'un** → Pierre à Loulou, en parlant d'Yves : « **Prends soin de** lui. »
5. **S'éteindre** → Avant le générique : « Yves Saint Laurent **s'est éteint** le 1er juin 2008. »

Exercice 18. Qu'est-ce que ça veut dire ?

Regardez ces phrases utilisant ces mêmes mots, mais d'une autre façon. Que veulent-ils dire ?

1. Il n'y a aucun **semblant** de vérité dans la déclaration de l'accusé →
2. Tous **les prix** des iPhones sont vraiment trop élevés ! →
3. Armelle a **manqué** le cours de math hier parce qu'elle avait une migraine →
4. **J'ai manqué** de glisser sur la glace ! Heureusement que je ne suis pas tombé →
5. Le petit garçon fait ses devoirs avec **soin** →
6. Je fais des **soins** de thalassothérapie pour mon asthme →
7. Lulu, **éteins** la lumière s'il te plaît ! →

Il y a une grande différence, n'est-ce pas ? Alors attention quand vous utiliserez ces mots et expressions !

Les Liens Internet

Lighthouse : www.youtube.com/watch?v=oQP3Vm0pvC8
Paris : www.youtube.com/watch?v=JtgsiGHetvQ
Pierre et Yves : www.youtube.com/watch?v=OmemD7eZv9Y
Looking for love : www.youtube.com/watch?v=jYDFRUkj_2Y
Les quais : www.youtube.com/watch?v=d6G16AhYVWk
Rouge Pur Couture : www.youtube.com/watch?v=BWkx4u1xQC4
Opium : www.youtube.com/watch?v=ovmaK_eCLaM
Y : www.youtube.com/watch?v=Nh_5-1-9PLA

Chapitre 8

MADE IN FRANCE

 L'affiche du film, tout comme le titre du film, est très emblématique. Peut-on savoir, en regardant l'affiche, de quoi va parler le film ? Est-ce que la tour Eiffel est le seul symbole de la France ? Quels autres symboles y a-t-il ?

Synopsis

Journaliste d'investigation indépendant, Sam profite de sa connaissance de l'arabe et de sa culture musulmane pour mener une enquête sur les milieux intégristes de la banlieue parisienne. De père algérien et de mère française, il est bilingue et connaît bien la religion musulmane et le Coran. Aussi intrépide qu'inconscient, il infiltre le milieu islamiste afin d'y trouver matière pour son prochain livre. Après plusieurs mois de patience, il commence à se faire accepter dans les milieux religieux et aborde un groupe de quatre musulmans pratiquants, dont Driss, Sidi et Christophe, trois jeunes sans repères prêts à faire le djihad. Embrigadés de façon exaltée et suicidaire, ils espèrent créer une cellule djihadiste à Paris et semer la terreur dans la capitale française. A chaque rencontre, il est témoin de l'endoctrinement et de la radicalisation de ces jeunes Français dans une guerre qu'ils qualifient de « sainte ». Un jour, le groupe reçoit la visite du mystérieux Hassan, chef de cellule charismatique et autoritaire dont l'influence de leader illuminé va se révéler dévastatrice pour le groupe. A son arrivée, et à la grande joie de tous les membres du groupe, il leur annonce être revenu des camps d'entraînement au Pakistan et en Afghanistan et avoir reçu pour mission de créer une cellule d'Al-Qaïda en France. Alarmé par cette nouvelle situation, Sam informe immédiatement la police de l'existence de cette cellule dangereuse. Complice malgré lui, à la suite de la mort accidentelle d'un de leur membre, Sidi, il est contraint de renseigner la police des faits et gestes de ces apprentis djihadistes, et sa collaboration n'est pas toujours vue d'un bon œil par les forces de l'ordre. Le groupe commence alors une longue ascension vers la violence. Ils volent des armes à feu en tuant des dealers, ainsi que des sacs de produits chimiques pour fabriquer des bombes artisanales, jusqu'au jour où arrive la nouvelle qu'ils attendent tous depuis le premier jour : la cible de l'attentat, avec le jour et l'heure.

Le scénario du film a été écrit entre 2011 et 2013, inspiré par l'actualité en France, la monté de l'Islam radical et le danger grandissant des jeunes occidentaux désirant faire le djihad à l'image de Mohamed Merah (qui a assassiné en 2012 des écoliers juifs et des militaires français d'origine maghrébine). Tourné avant les attentats contre le journal satirique Charlie Hebdo, *Made in France* a dû attendre plusieurs mois avant d'être projeté. Le film devait sortir dans les cinémas en novembre 2015, mais les attentats du 13 novembre, cinq jours plus tôt, ont différé à nouveau sa sortie de deux mois. Ce jour-là, : 130 personnes ont été tuées et plus de 400 autres blessées dans des fusillades et des explosions à Paris et près du Stade de France à Saint-Denis. L'année 2015 a été d'une rare violence dans l'histoire de France, car plusieurs attentats terroristes ont frappé le pays tout entier et plus précisément Paris. Ils ont visé la vie nocturne (cafés et restaurants), le sport (stade) et la musique (salle de concert). Car, pour les islamistes, les arts, le sport et tous les plaisirs de la vie doivent être interdits. Mais les terroristes n'ont pas choisi leurs victimes : ils ont tiré dans la foule au hasard. Depuis la Seconde Guerre mondiale, aucune attaque n'avait fait autant de victimes.

Avant Le Visionnement Du Film

 Exercice 1. On se prépare

En groupes, répondez aux questions en préparation du film.

1. Que savez-vous des attentats qui ont eu lieu à Paris en 2015 ?
2. Connaissez-vous des actes terroristes qui ont eu lieu dans votre pays récemment ? Lesquels ?
3. Quelle est la signification du mot *djihad* ?
4. Le film est un polar. Pouvez-vous définir ce genre de film ?
5. Quelle place tient la caricature politique dans le paysage médiatique de votre pays ?

 Exercice 2. Les acteurs et les personnages

Regardez le casting et dites si vous connaissez un/une des acteurs/actrices. Si oui, dites dans quel film vous l'avez vu(e) ou pourquoi vous le/la connaissez.

Malik Zidi	Sam
Dimitri Storoge	Laurent (Hassan)
François Civil	Christophe (Youssef)
Nassim Si Ahmed	Driss
Ahmed Dramé	Sidi
Nailia Harzoune	Zora

 Exercice 3. Le lexique

Lisez le lexique avant de faire des phrases avec les mots en caractères gras à la fin de la liste.

Un renoi	Un noir
Ferme-la!	Tais-toi!
Se foutre de ta gueule (vulgaire)	Se moquer de toi
Téma!	Regarde (verlan du verbe mater)
A toute!	A toute à l'heure!
Un ouvrage	Un livre
Les prêches (f.)	Les prédications religieuses
Au fil de mon enquête	Alors que l'enquête progresse
Un catho	Un catholique
C'était chiant (vulgaire)	C'était ennuyeux
On a flippé	On a eu peur
Avoir la rage	Être énervé, enrager
Les indics (m.)	Les indicateurs
Des soupçons (m.)	Des doutes (m.)
De l'oseille (f.)	De l'argent (m.)
Un guignol (m.)	Quelqu'un de pas sérieux
Un gamin	Un enfant
Une filière	Une branche aux ordres d'un groupe
Les barbus (m.)	Les musulmans intégristes
Balancer	Jeter
Ça m'a secoué	Ça m'a choqué
Faire un carton	Avoir du succès
Fumer des militaires	Tuer des militaires
Un attentat	Une tuerie, une bombe, etc.
Un/e parano	Un/e paranoïaque
Braquer	Attaquer
Au taf	Au travail
De l'engrais (m.)	Du fertilisant (m.)
Y'a les keufs, les flics (m.)	Il y a la police
Dégomme-le!	Tue-le!
Qu'est-ce t'as foutu?	Qu'est-ce que tu as fait?
Je t'ai jamais senti	Je ne t'ai jamais aimé
T'es lourd	Tu es bête, stupide
Le bourge	Le bourgeois
Le sang	Le liquide rouge qui passe dans les veines
Revendiquer un attentat	Proclamer la responsabilité d'un attentat
Le chômage	Être sans emploi, sans travail
La crèche	La garderie des enfants
Pauvre con/conne	Pauvre idiot/e
Il se la raconte beaucoup	Il est prétentieux
Flouter les visages	Effacer les visages sur un film (pour garder l'anonymat)

Regardez, dans le contexte, quelques mots et expressions tirés du film. Ensuite, écrivez des phrases avec les mots en caractère gras et comparez-les avec la classe:

a. Entre les écoutes, la filature, la surveillance, il faudrait plus d'une dizaine de **flics** par individu, pour qu'ils soient tous contrôlés.

b. Je peux vous garantir qu'en prison, quand les **barbus** sauront que vous avez trahi, ils (ne) vont pas vous rater.

c. T'as le droit d'être mal, tu sais. Moi aussi **ça m'a secoué** ce qui s'est passé hier soir.

d. [En parlant de Sidi, qui est décédé] On a perdu un ami... c'était encore un **gamin**.

e. [Zora]: La nuit dernière, il [Hassan]est rentré et il était couvert de **sang**. Il m'a parlé d'une histoire d'accident de la route.

Pendant Le Film

 Exercice 4. Vrai ou faux?

Indiquez si les affirmations sont vraies ou fausses.

1. Hassan (Laurent) est allé dans des camps d'entraînement au Pakistan.	V	F
2. Peu importe pour les membres du groupe de tuer des innocents.	V	F
3. Laure, la femme de Sam, ne sait pas grand-chose sur les activités de son mari.	V	F
4. Driss ne fait pas confiance à Sam car il n'a pas roulé sur le policier.	V	F
5. Driss en veut au dealer d'armes car il est à la fois musulman et ancien militaire, donc un traitre à ses yeux.	V	F
6. Driss fait du karaté pour se défouler le soir.	V	F
7. Sam conseille à Sidi de se battre en prenant les armes.	V	F
8. La police demande à Sam de mettre une puce électronique dans l'ordinateur du groupe.	V	F
9. L'argent que reçoit Christophe sert à payer les opérations.	V	F
10. Sidi avait un cousin djihadiste qui est mort au Mali tué par un soldat français.	V	F

 Exercice 5. Questions à choix multiples

Choisissez la bonne réponse d'après ce qui se passe dans le film.

1. Driss travaille dans
   a. Un restaurant
   b. Un garage
   c. Une discothèque

2. Sam déconseille au groupe de voler les armes à feu car
   a. Les dealers vont savoir que ce sont eux les voleurs
   b. Voler est contraire aux principes de la religion
   c. Sans munition, il est inutile d'avoir des armes à feu

3. Hassan est marié. Où et comment a-t-il connu sa femme Zora?
   a. C'est une amie d'enfance qui a grandi dans son quartier à Marseille
   b. Il l'a connue en Afghanistan
   c. Sur internet, sur un site de rencontre
4. Sam parle aux officiers de police. Leur réaction est...
   a. Ils conseillent à Sam d'arrêter tout de suite, car la situation devient dangereuse
   b. Ils encouragent Sam à continuer, car ils sont derrière lui 24 heures sur 24.
   c. Il menacent de l'arrêter et lui promettent la prison si celui-ci décide de s'enfuir
5. Hassan décide de jeter la photo où figure Tony Montana incarné par l'acteur américain Al Pacino dans le film *Scarface*. Pourquoi ce geste?
   a. Il déteste le cinéma américain
   b. Le film contient des images contraires à l'Islam
   c. Il veut éliminer toute image représentant des idoles
6. Ils volent des produits chimiques dans quel but?
   a. Fabriquer des bombes artisanales
   b. Faire pousser du cannabis chez eux pour gagner de l'argent
   c. S'entraîner à maîtriser des situations difficiles
7. Hassan emmène Sam dans un terrain vague. Il veut le filmer. Pour quelle raison?
   a. Revendiquer l'attentat qu'ils vont commettre
   b. Avouer qu'il est de la police et que c'est un traitre
   c. Il veut qu'il devienne un héros sur les réseaux sociaux
8. Hassan boit du vin au bar et en offre un verre à Sam qui refuse. Pourquoi?
   a. Les musulmans pratiquants ne peuvent pas boire d'alcool
   b. Sam veut faire croire à Hassan qu'il est un musulman radical
   c. Sam a peur d'être empoisonné par Hassan
9. La maison où les membres du groupe terroriste se rencontrent est
   a. Chez Christophe
   b. La maison de sa grand-mère
   c. La maison que loue Christophe pour faire ses études
10. Qui dit cette phrase dans le film : « Si tu commences à douter de toi, t'es mort » ?
   a. Driss
   b. Hassan
   c. Sidi

 Exercice 6. D'accord ou pas d'accord ?

En groupes, donnez votre opinion sur les sujets et questions suivantes.

1. Cet échange résume à lui tout seul la spirale fatale de l'endoctrinement djihadiste. Hassan explique à Sam comment il a connu sa femme Zora. Êtes-vous d'accord avec Hassan ? Est-ce mieux de mourir en martyr pour les islamistes ? Pourquoi ?
   HASSAN : « Tu sais pourquoi j'ai voulu l'épouser tout de suite ? »
   SAM : « Pour vivre selon ses principes ? »

HASSAN : «Pour avoir quelque chose à perdre. Il n'y a pas de mérite à **mourir en martyr** si tu n'as rien à perdre.»

2. Le père de Sam un jour lui a dit : «La foi ne doit jamais nous pousser vers les ténèbres. Elle doit, bien au contraire, nous faire **aimer et respecter la vie**». Êtes-vous d'accord ou contre ce que dit le père de Sam ? Pourquoi ?

3. Certains critiques ont reproché au film de montrer les musulmans pratiquants comme étant les plus **modérés**, et les nouveaux convertis comme les plus extrémistes ignorant tout du Coran. Selon vous cela reflète-il la réalité ? Connaissez-vous des exemples dans l'histoire qui confirme ou contredisent cette réalité ?

4. Selon vous, la cible du film est-elle **l'islam radical** ou plutôt le marasme social, qui donne lieu à des situations extrêmes ?

 ## Exercice 7. La France face au terrorisme

Depuis la vague d'attentats de 2015, le gouvernement a déclaré l'état d'urgence dans tout le pays. L'état d'urgence est mis en place de manière exceptionnelle quand le pays court un grand danger. Les libertés des citoyens sont limitées et les policiers ont plus de pouvoir (ils peuvent fouiller l'appartement de personnes soupçonnées d'être des terroristes sans demander d'autorisation à un juge). Mais est-ce bien la bonne solution ? Le gouvernement français et les forces de police pourront désormais prendre légalement les actions suivantes :

a. Obliger les propriétaires d'armes à les remettre aux autorités.

b. Autoriser les perquisitions à domicile à toute heure du jour et de la nuit.

c. Interdire les réunions de nature à provoquer ou à entretenir le désordre.

d. Interdire la circulation des personnes ou des véhicules.

e. Prendre des mesures pour assurer le contrôle de la presse et des médias.

f. Instituer des zones où le séjour des personnes est réglementé.

g. Interdire l'accès à un département à toute personne cherchant à entraver, de quelque manière que ce soit, l'action des pouvoirs publics.

h. Assigner à résidence toute personne dont l'activité s'avère dangereuse pour la sécurité et l'ordre public.

i. Ordonner la fermeture provisoire des salles de spectacle, débits de boissons et lieux de réunion de toute nature.

j. Contrôler davantage et de manière systématique les frontières.

k. Augmenter le nombre de policiers en France.

1. A vous de les ranger dans un ordre croissant d'importance.

_____

_____

_____

_____

_____

_____

_____

_____

_____

_____

_____

2. Quelles sont des actions qui vous semblent inutiles et pourquoi?

_____

_____

_____

_____

_____

_____

_____

 ### Exercice 8. Je suis Charlie

A la suite des attentats contre le journal *Charlie Hebdo* en janvier 2015 (durant lesquels la grande majorité des journalistes ont été assassinés), la phrase «Je suis Charlie» a fait le tour du monde. Ce titre fait référence à *Charlie Hebdo*, journal français satirique. Répondez aux questions avec un/une camarade de classe.

1. Avez-vous entendu ou lu cette phrase sur internet?
2. A quelle occasion?
3. Savez-vous qui est Charlie?
4. Qu'est-ce qu'un journal satirique?
5. Que trouve-t-on dans un journal satirique?
6. Quels sont les thèmes traités?
7. Existe-t-il des journaux satiriques dans votre pays?
8. Donnez vos définitions personnelles pour les notions suivantes
   a. La caricature:
   b. L'ironie:
   c. Le sarcasme:
   d. Le cynisme:
   e. La satire sociale et politique:

 **Exercice 9. Caricatures**

Commentez les caricatures avec vos propres mots. Que veulent-elles dire?

1. _____

_____

2. _____

_____

3. _____

_____

_____

_____

On Tourne!

 Exercice 10. Le bon ordre

Avec un ou une camarade de classe, écrivez et mettez les images en relation avec les dialogues qui correspondent. Pour chaque photo du film dans la première colonne, trouvez la phrase qui va avec, dans la troisième colonne. Notez dans la deuxième colonne quel personnage l'a dite dans le film. Pour ceci, essayez de vous rappeler dans quelle circonstance, à quel moment, pourquoi, etc.

1.		a.	Vous venez vous seul de mettre à jour une cellule qu'on ne connaissait même pas.
2.		b.	Léger, discret, efficace, l'arme de James Bond.
3.		c.	Moi aussi je suis peut-être pas fait pour être combattant, c'est tout.

4.		d.	Je te rappelle que sans lui on ne s'en serait pas sortis. Laisse-le tranquille.
5.		e.	On est en guerre et dans toute guerre il y a des victimes civiles. Ça te va comme explication?
6.		f.	C'est pour cela que la femme doit rester chez elle, pour se préserver des mauvaises tentations.
7.		g.	Tu comptes t'arrêter quand? Tu vas quand même pas partir avec eux?
8.		h.	Mais bien sûr qu'il est complètement parano, j'arrête pas de vous le dire.
9.		i.	On fait sauter un commissariat, une caserne, un ministère, ce que tu veux, mais pas ça. Pas des femmes et des enfants.
10.		j.	Depuis qu'il est rentré de la Mecque je ne le reconnais plus.

Après Le Visionnement Du Film

🎞️ Exercice 11. On discute

En groupes, répondez aux questions sur le film.

1. Tracez un portrait de chaque personnage: Hassan, Sam, Driss, Sidi, Christophe (ou Youssef) et Zora (la femme de Hassan). Commentez leurs personnalités (leurs côtés négatifs et positifs). Est-ce qu'ils sont tous d'origine française? D'où viennent leurs parents, leurs familles? Où sont leurs familles? Attardez-vous sur le personnage de Sam, son courage, son rôle, sa situation irréversible.
2. Qu'est-ce qui, dans leurs personnalités et de leurs comportements, vous choque le plus? Pourquoi? Discutez des sentiments que vous avez ressentis en regardant le film: aviez-vous de l'empathie? De l'horreur? De la haine? Pourquoi?
3. Discutez de la première scène du film où un imam a un discours fondamentaliste. Que critique-t-il? Pourquoi?

4. En quoi consiste la *taqiya* (mot arabe pour la dissimulation)? Donnez des exemples. Pourquoi la pratiquer?

5. La préparation de l'attaque sur les Champs-Elysées est basée sur un mensonge, sous l'influence et la direction de Hassan qui exploite la vulnérabilité des membres de la cellule. Quel est ce mensonge? Pourquoi est-ce que les membres sont-ils vulnérables? Quelles sont leurs motivations?

6. Le choix du lieu du premier attentat de cette cellule djihadiste est important. Pourquoi? Que représentent les Champs-Elysées?

7. Commentez le couple que forment Zora et Hassan. Est-ce que l'amour les unit? Comment est Zora avec Hassan? Et Hassan avec Zora?

8. Discutez du fait que Sam enseigne le Coran et l'arabe à Hassan. En quoi cette action est ironique?

9. En quoi la mort de Sidi est symbolique? Discutez des effets que causent sa mort dans la cellule.

10. Comment est la police dans le film? Comment apparaît-elle? Est-elle efficace?

11. Est-ce qu'il y a des films ou séries sur le terrorisme qui sont sortis aux États-Unis récemment? Est-ce qu'ils touchent aux mêmes thèmes que *Made in France*? Comparez et justifiez vos réponses.

12. Discutez du titre du film qui est en anglais, *Made in France*. Pourquoi? Aurait-il pu avoir un autre titre? Lequel?

13. Quel est le but du film? Qu'essaie-t-il de faire? Réussit-il? Expliquez vos réponses.

14. Commentez le suspense du film. Est-ce que la fin vous a surpris? Pourquoi?

 Exercice 12. On rédige

Traitez un ou plusieurs sujets au choix. N'oubliez pas de justifier vos arguments et vos opinions, et de donner des exemples.

1. Un des thèmes du film est l'endoctrinement. Expliquez ce qu'est l'endoctrinement et s'il est facile de se laisser endoctriner et influencer. (Analysez les causes, les effets, et quels sont les forces et les buts derrière tout endoctrinement.)

2. Ecrivez votre opinion sur les femmes dans le film: Zora, l'épouse de Hassan, et la femme de Sam. En quoi sont-elles importantes? Quels sont leurs rôles?

3. A la fin du film, Sam arrive à une conclusion enseignée par son père: «La foi ne devrait jamais nous pousser dans les ténèbres. Elle doit, bien au contraire, nous faire aimer et respecter la vie». Êtes-vous d'accord? Pourquoi?

4. Dans le film on sent la crainte et la peur: d'un côté, la peur de certains terroristes qui doutent de leurs actions et de l'autre, la crainte de Sam (le journaliste) du danger imminent; est-ce que dans votre société vous sentez également un danger imminent? Vivez-vous dans la psychose du voisin qui peut être un ennemi, ou d'une attaque qui se prépare? Ou au contraire, vivez-vous en refusant de vous soustraire à la menace terroriste? Développez vos réponses.

 **Exercice 13. On réagit**

Avec un ou une camarade de classe, écrivez vos réactions sur ces dialogues à double sens, ou humoristiques, ou, au contraire, tragiques du film. Pourquoi, à votre avis, sont-ils significatifs ? Quels commentaires et quels sentiments vous inspirent-ils ? Analysez-les et comparez vos analyses avec la classe.

1. Des membres de la cellule demandent à Christophe (Youssef) quelle est sa religion :
   Pourquoi t'es pas catho ?
   CHRISTOPHE RÉPOND : Parce que c'est trop chiant !

2. Les cinq hommes cherchent un nom pour leur groupe, pour leur cellule, et ils demandent :
   Et toi, Sam, tu n'as pas une idée, en arabe ?
   SAM RÉPOND : Excusez-moi mais ça demande un moment de réflexion, parce qu'on dirait
   que vous êtes en train de former un groupe de rap !
   DRISS : Pourquoi tu dis « vous » et pas « on » ? On est en train de former un groupe. Tu es ou
   t'es pas avec nous ?
   SAM : Bien sûr que je suis avec vous !

3. Dialogue entre les policiers et Sam. Les policiers lui disent : Le problème ce n'est pas qu'ils
   aient des armes, mais de savoir comment ils comptent s'en servir. Et pour le compte de qui.
   Votre Hassan, il a forcément des supérieurs en France. Cette filière est probablement en
   train de créer d'autres cellules sur le territoire. Nous on bougera pas tant qu'on saura pas qui
   donne des ordres. Alors il nous faut des noms.
   SAM : Non, c'est trop dangereux.
   POLICIERS : Il fallait y penser avant.

4. Dialogue entre Sidi et Sam, après avoir tué le vendeur d'armes. Ils sont dans la maison
   de Christophe :
   SAM : Ça va ?
   SIDI : Oui, ça va.
   SAM : T'as le droit d'être mal, tu sais. Moi aussi ça m'a secoué ce qui s'est passé hier soir.
   C'est pas vraiment comme ça que je voyais les choses.
   SIDI : Moi non plus. J'suis peut-être pas prêt pour être combattant, c'est tout.
   SAM : Y'a différentes manières de combattre. Certains le font une arme à la main, d'autres
   sont plus utiles, en étudiant par exemple. Tu devrais y réfléchir. Pourquoi est-ce que tu
   tiens tant à te battre ?
   SIDI : J'avais un cousin au Mali et c'était comme un frère pour moi [...] un soldat français
   lui a collé une balle dans la tête. Il était même pas djihadiste.
   SAM : Je comprends. Mais la vengeance n'a rien à faire avec l'Islam.

5. Dialogue entre Hassan et sa femme Zora, après que Hassan ait tué Driss et qu'il rentre chez
   lui couvert de sang :
   ZORA : Un jour tu reviens couvert de sang, le lendemain t'as des marques sur le cou et sur les
   mains, je suis pas aveugle. Tu peux me parler. Je peux comprendre que tu veuilles changer
   les choses.

HASSAN : Qu'est-ce que tu veux dire ?

ZORA : Je t'aime et je partage ta vision du monde. Moi non plus je n'aime pas ce que je vois autour de moi. Et je trouve que cette société est injuste et impie. Parle-moi. Tu n'es pas tout seul.

HASSAN : Moi aussi je t'aime.

ZORA : Tu es mon mari, ma place est à tes côtés. Je peux comprendre que tu veuilles faire le djihad.

HASSAN : Je pensais pas que tu comprendrais. J'avais peur de te perdre. C'est pour ça que je t'ai rien dit.

ZORA : Dis-moi. J'ai besoin de savoir. Raconte-moi. Parle-moi d'eux.

HASSAN : De qui ?

ZORA : Je ne sais pas. De tes chefs. De ceux qui te conduisent. Dis-moi.

HASSAN : Qu'est-ce que tu penses de Sam ?

ZORA : Pourquoi tu me parles de lui ? [...] Je le connais à peine. [...]

HASSAN : [...] Qu'est-ce qu'il t'a dit d'autre ? Qu'est-ce qu'il t'a dit d'autre ?

ZORA : Hassan, tu me fais mal là. Tu me fais mal.

6. Sam embrasse Christophe et lui souhaite bonne chance pour sa mission aux Champs-Elysées. Sam lui dit : Youssef, bonne chance !

CHRISTOPHE : Tu es le premier à m'appeler Youssef ! Merci mon frère, ça me touche !

 Exercice 14. On analyse

En groupes de quatre à cinq, dites pourquoi ou en quoi ces scènes sont significatives. Discutez de l'humour, l'ironie, les jeux de mots, etc.

1. Première scène du film où l'iman parle aux jeunes hommes barbus.
2. Scène où les cinq hommes vont voir Ahmed, le vendeur d'armes.
3. Scène où Sam embrasse sa femme, à l'entrée de la crèche de leur fils Malik. Sa femme entre dans la crèche et Hassan arrive.
4. Scène où Sam arrive chez Hassan pour sa leçon et Zora lui ouvre la porte et le laisse passer dans le salon.
5. Après la mort de Sidi, scène où Christophe regarde une vidéo de Sidi qui partagent ses rêves pour plus tard.
6. Scène où Hassan et Sam boivent un pot à l'hôtel, après la mort de Driss. (Hassan s'est battu avec lui et l'a tué.)
7. Une des dernières scènes où Hassan va chercher Sam pour l'emmener voir son chef. Il ne le laisse pas prendre son portable, mais il lui donne le Coran qu'il avait oublié le jour où il était allé chez Hassan, pour sa leçon. Dans cette scène, Hassan découvre le double-jeu de Sam en lui disant «Trop parfait [...] t'aurais jamais été seul avec la femme d'un autre».

Exercice 15. A vous de tourner!

1. En groupes, regardez les quatre premières minutes de l'interview avec le réalisateur de *Made in France*, Nicolas Boukhrief, et répondez aux questions. Faites une recherche sur internet avec les mots clés *Nicolas Boukhrief* et *allociné* (vous pouvez aussi trouver le lien à la fin du chapitre).

   a. Pourquoi est-ce que Boukhrief dit que ce n'est pas un film sur l'Islam, le Coran, le prophète, l'immigration? C'est un film sur quoi? Quel est le sujet?

   b. Les critiques l'ont accusé d'avoir fait un film opportuniste. Comment s'en défend Boukhrief?

   c. Pourquoi dit-il que c'est un sujet risqué? Et comment éviter les erreurs?

   d. Pourquoi est-ce que ce n'est pas un film dont les protagonistes sont des supers héros?

2. En groupes, visitez la page Facebook du film et répondez aux questions. Faites une recherche sur internet avec les mots clés *Facebook, Made in France* et *Le film* (vous pouvez aussi trouver le lien à la fin du chapitre).

   a. Est-ce qu'il y a beaucoup de gens qui aiment cette page? Combien?

   b. Lisez cinq commentaires et dites si vous êtes d'accord ou pas avec leurs opinions.

3. Lisez l'article «*Made in France*» ou «*Origine France garantie*» (*La Croix*, le 30 janvier 2017) et dites quelle est la traduction de l'expression *Made in France* et quels sont les critères pour que les produits reçoivent le label *Made in France* ou *Origine France garantie*. Est-ce que vous privilégiez les produits *Made in the USA*? Justifiez votre réponse? Faites une recherche sur internet avec les mots clés *Made in France ou Origine France garantie* et *La Croix* (vous pouvez aussi trouver le lien à la fin du chapitre).

4. Commentez ce que les critiques ont écrit sur le film et faites votre propre critique: «Brillant» (*Première*), «La force de l'évidence» (*Le Monde*), «Un film qui doit être vu de tous» (*Huffington Post*), «Un regard lucide sur un sujet brûlant» (*Le Parisien*), «Nerveux, brillant, un thriller choc.» (*Première*), «Une tension rarement vue!» (*Rock & Folk*), «Un polar sec et nerveux.» (*Allociné*). Élaborez vos réponses.

Notes Grammaticales

 Exercice 16. Les verbes et les expressions qui sont suivis par les prépositions *à* et *de*

Tout au long du film, les personnages utilisent des verbes et des expressions qui ont ces prépositions. Essayez de vous rappeler dans quel contexte ils ont été employés ainsi que leurs sens.

- Hassan aux membres du groupe: «On **a pour mission de** créer une cellule d'action à Paris.»
- Sam aux quatre hommes: «On dirait que vous **êtes en train de** former un groupe de rap.»
- Les policiers à Sam: «La réalité maintenant c'est que si vous **refusez de** collaborer on va **être obligé de** les arrêter tout de suite et vous tomberez avec eux.»
- Sam aux policiers: «Ils **se contentent** pour l'instant **de** suivre des ordres.»
- Hassan à Sam devant la porte de la crèche de son fils: «Je **suis content de** voir que tu m'as pas menti.»

- Hassan qui parle à Sam de comment il a fini avec Zora : « Je l'ai **convaincue de** me <u>rejoindre</u> [...] ».
- Christophe qui cherche à fabriquer des bombes grâce à internet à Hassan : « Tu nous a **demandé de** nous <u>débrouiller</u> tout seul pour la bombe. Alors j'ai trouvé ! ».
- Sam à Driss qui ne comprend pas pourquoi Sam n'a pas roulé sur le policier quand ils s'échappaient en voiture : « J'sais pas ! J'ai pas réfléchi ! J'ai juste **essayé de** me <u>sortir</u> de là. »
- Sam à Sidi qui doute de lui-même : « Pourquoi est-ce que tu **tiens** tant **à** <u>te</u> <u>battre</u> ? »
- Hassan à Sam en parlant de Zora : « Tu sais pourquoi j'ai voulu l'épouser tout de suite ? [...] pour **avoir quelque chose à** <u>perdre</u>. »
- Driss à Sidi dans le parking : « [...] si tu **commences à** <u>douter</u> de toi, t'es mort ! »
- Sam à la fin du film (monologue) : « [...] je **suis le seul à** <u>être</u> sorti vivant. [...] J'espère que cette enquête **contribuera** aussi **à** <u>transmettre</u> ce qu'il m'a enseigné. »

 ## Exercice 17. Comparaisons

Comparez les verbes suivants (aussi tirés du films) et expliquez en quoi leur construction grammaticale est différente de celle des verbes ici-bas.

Je **peux** <u>comprendre</u> que tu **veuilles** <u>changer</u> les choses.
Qu'est-ce que tu **veux** <u>dire</u> ?
Tu **dois** <u>respecter</u> la volonté de Dieu.
Il **faut** <u>revendiquer</u> l'attentat.
Il **va** pas <u>tarder</u>.
Ils **sauront** qui <u>contacter</u> en cas de problème.

 ## Exercice 18. D'autres verbes ?

Connaissez-vous d'autres verbes ou des expressions qui sont suivis de prépositions ? Faites une liste (en les utilisant dans des phrases complètes) et comparez-la avec vos camarades.

 ## Exercice 19. Soyez logiques !

Faites des phrases de façon logique, d'après ce qu'il se passe dans le film. Comparez vos phrases avec vos camarades.

Par exemple : Christophe veut...
  ... fabriquer une bombe.

Driss ne veut pas...
Hassan n'a pas peur de...
Christophe se prépare à...
Sam s'excuse de...
Hassan apprend à...
Sidi pense à...
Sam espère...

Exercice 20. Les contractions

Dans le langage parlé, le français a de nombreuses contractions qui peuvent rendre difficile la compréhension. Voici quelques contractions qui ont été utilisées dans le film. En groupes, pouvez-vous écrire ces mêmes phrases sans les contractions?

1. Ça t'est arrivé? → _____
2. J'ai rien pu faire → _____
3. T'as pas voulu tirer → _____
4. Y'a que moi → _____
5. C'est pas mon truc → _____
6. On me l'a pas encore dit → _____

 ## Exercice 21. Les mots en arabe

Les personnages utilisent, de temps en temps, des mots en arabe qui en général sont connus des Français. Avec un/une partenaire essayez de trouver la traduction :

1. Inchallah ou Inch'Allah   a.   L'interdiction
2. La charia   b.   Le voile
3. Le niqab   c.   La résistance, la lutte
4. Le djihad   d.   La dissimulation
5. Le haram   e.   Si Dieu le veut
6. La taqiya   f.   La loi islamique

Les Liens Internet

Interview : www.allocine.fr/personne/fichepersonne-20296/interviews/?cmedia=19560421
Site web : www.facebook.com/MadeInFranceLeFilm
Article : www.la-croix.com/Economie/France/Made-France-Origine-France-garantie-2017-01-30
-1200821159

GMT PRODUCTIONS, LES FILMS DU LENDEMAIN et/and MORENA FILMS PRÉSENTENT/PRESENT

LÉA SEYDOUX
DIANE KRUGER · VIRGINIE LEDOYEN

Les Adieux à la Reine
(Farewell, My Queen)

UN FILM DE / A FILM BY
BENOIT JACQUOT

« UNE OEUVRE D'UNE BEAUTÉ SOMPTUEUSE »
– MARC-ANDRÉ LUSSIER, LA PRESSE

"TENSE, ABSORBING, PLEASURABLY ORIGINAL"
– THE NEW YORK TIMES

moviescreenshots.blogspot.com

Chapitre 9

LES ADIEUX À LA REINE

 Sur l'affiche du film, on distingue à peine le visage à moitié caché de la protagoniste principale du film : le personnage de la reine Marie-Antoinette. Que pouvez-vous dire de ce choix artistique ?

Synopsis

L'histoire se déroule en juillet 1789, aux toutes premières heures de la Révolution française. Alors que le peuple de Paris vient de s'emparer de la prison de la Bastille, la vie à la cour du château de Versailles vit relativement indifférente à la tourmente croissante et au tumulte qui gronde dans la capitale du royaume. La jeune Sidonie Laborde sert la reine Marie-Antoinette, épouse du roi Louis XVI, comme lectrice adjointe. Sidonie n'a qu'une envie, celle d'exaucer tous les désirs de sa reine, même si celle-ci se révèle pourtant peu attentionnée, capricieuse et parfois lunatique. Bien que simple servante, Sidonie jouit néanmoins d'une situation privilégiée car, à la différence des autres domestiques de sa majesté, elle entre chaque jour dans l'intimité d'une souveraine tourmentée et fascinante. Grâce à sa passion pour les belles-lettres, elle conseille la reine sur ses lectures au gré de ses humeurs et de ses chagrins. Toutefois ce calme inquiétant avant la tempête n'annonce rien de réjouissant. En quelques jours, Sidonie voit son quotidien passer de l'insouciance et de la désinvolture à un monde basé sur le faux-semblant et l'injustice. La trame du film est aussi une série de chroniques sur une vie quotidienne fastueuse, entre les quartiers de la reine au Petit Trianon et Versailles, où la foule des courtisans avides d'une illusoire reconnaissance se presse dans la galerie des glaces pour apercevoir le roi. Quant à la reine, déconnectée de la réalité, son quotidien semble être partagé entre de longues séances de lecture et un tête-à-tête avec ses favorites, comme Madame Gabrielle de Polignac. Avec les bruits de couloirs et les rumeurs qui circulent, la peur s'installe lentement parmi la noblesse présente qui commence à perdre sa désinvolture coutumière. Enfin, lorsque la nouvelle officielle de la prise de la Bastille gagne la Cour, après une courte phase d'incrédulité, la plupart des aristocrates et serviteurs abandonnent la famille royale et s'enfuient en emportant tout ce qui est à portée de main, dans la crainte de la chute du gouvernement à tout moment.

Avant Le Visionnement Du Film

 ## Exercice 1. On se prépare

En groupes, répondez aux questions en préparation du film.

1. Ce film est une adaptation littéraire d'un roman historique. Aimez-vous ce genre cinématographique et pourquoi ?
2. Le sujet parle de l'histoire de France, et en particulier des premiers jours de la Révolution française. Que savez-vous de cette période importante pour la France et le monde ?
3. Les trois mots de la devise de la France viennent de la Révolution française. Les connaissez-vous ?
4. Savez-vous qui a influencé l'avènement de la Révolution française ?
5. Quels sont les conséquences et influences de la Révolution française dans le monde ?
6. Avez-vous déjà vu un film historique ou adapté d'un roman historique ? Le(s)quel(s) ?

 ## Exercice 2. Les acteurs et les personnages

Regardez le casting et dites si vous connaissez un/une des acteurs/actrices. Si oui, dites dans quel film vous l'avez vu(e) ou pourquoi vous le/la connaissez.

Léa Seydoux	Sidonie Laborde
Diane Krüger	Marie-Antoinette
Virginie Ledoyen	Gabrielle de Polignac
Xavier Beauvois	Louis XVI
Noémie Lvovsky	Madame Campan
Michel Robin	Jacob-Nicolas Moreau, bibliothécaire de la reine
Julie-Marie Parmentier	Honorine
Lolita Chammah	Louison
Marthe Caufman	Alice
Vladimir Consigny	Paolo

 ## Exercice 3. Le lexique

Lisez le lexique avant de faire des phrases avec les mots en caractères gras à la fin de la liste.

Coucher avec	Avoir une relation sexuelle
Être cocu/e	Être victime de l'infidélité de son époux/épouse
Frivole	Peu sérieux et futile
Un étang	Marais, étendue d'eau
L'eau croupie	Eau sale et immobile
Des atours (m.)	Vêtements
S'amouracher	Tomber amoureux de façon subite et temporaire

Vieille fille	Célibataire
Un égout	Une canalisation pour les eaux sales
Potelé	Arrondi, dodu (*chubby*)
Les mœurs (f.)	Les habitudes
Une sottise	Une bêtise
S'empiffrer	Manger rapidement et excessivement
Un cauchemar	Un mauvais rêve
Gratter	Frotter la peau avec ses ongles
Une piqûre	Blessure de la peau faite par un insecte
Toquée	Folle
Sans chichi	Sans manière
Divaguer	Délirer, perdre la raison
Broder	Orner un tissu de broderies
Coquelicots (m.)	Fleurs (*poppy*)
Une étoffe	Un tissu
Messes basses (f.)	Échanges secrets murmurés à voix basse
Je file!	Je pars! (je suis pressé)
Un supplice	Une torture, une punition, sévices (m. pl.) corporels
Vous me gâtez	Vous me choyez, vous me comblez
Malveillance (f.)	Méchanceté (f.)
Vous tombez à pic!	Vous arrivez au bon moment!
Saugrenu	Bizarre, absurde
Trier le linge	Ranger les vêtements
Fumier	Excréments d'animaux, comme les chevaux
Palefrenier	Garçon d'écurie, valet (péjoratif)
Souci	Cause d'inquiétude
Chavirer la tête	Tourner la tête
Prendre la poudre d'escampette	S'enfuir
Gueux	Gens du peuple, sous-entendant pauvres et sales
Cela vous comble	Cela vous rend heureuse
Vos gages (m.)	Votre salaire
On s'en fout	On s'en moque
Moisi	Pourri, se couvrir de moisissure
La haine	Dégoût, hostilité
Poignarder	Donner un coup de couteau
Effigie (f.)	Représentation humaine
Un manteau d'hermine	Vêtement de couleur bleue porté par les rois de France
Une nonne	Une religieuse
Un sot/une sotte	Une personne stupide
Un appât	Une tromperie
Se dévêtir	Enlever ses vêtements
Un laquais	Un domestique
Un sauf-conduit	Un laissez-passer

Regardez ces quelques mots ou expressions du lexique venant du film, dans le contexte. Quelles réflexions vous inspirent ces échanges ? A vous maintenant de faire des phrases avec ces mots et expressions et comparez vos phrases avec celles de vos camarades.

a. Madame Campan : « La pendule de Monsieur Janvier ? **On s'en fout** ! »
b. Monsieur de Jolivet : « Ah... Moreau, vous **tombez à pic** ! »
c. Sidonie : « Il y a beaucoup de **malveillance** autour de la reine. »
d. Madame Campan : « Cela sera retenu sur vos **gages**. »
e. La reine : « Gabrielle n'a jamais été gouvernée par le **souci** de me plaire. »
f. Monsieur Moreau : « Ma bonne amie, vous me **gâtez**. »

Pendant Le Film

 Exercice 4. Vrai ou faux ?

Indiquez si les affirmations sont vraies ou fausses.

1. La reine habite au château de Versailles.	V	F
2. Madame Campan est la gouvernante de la reine.	V	F
3. La reine n'aime pas *Les oraisons funèbres* de Bossuet car se rappeler de l'Autriche la rend triste.	V	F
4. Sidonie n'aime pas le café.	V	F
5. Madame Campan reproche à Sidonie de s'être grattée devant la reine.	V	F
6. Paolo est Vénitien.	V	F
7. Gabrielle de Polignac n'est pas mariée.	V	F
8. Monsieur Moreau est bibliothécaire de la reine.	V	F
9. Selon certains dires, Madame de Polignac est une petite provinciale endettée.	V	F
10. Sidonie se considère comme la servante des livres de la bibliothèque de Sa Majesté	V	F
11. Monsieur Moreau aime boire du vin, mais a-t-il l'habitude ?	V	F
12. Le roi a deux frères présents à la Cour.	V	F

 Exercice 5. Questions à choix multiples

Choisissez la bonne réponse d'après ce qui se passe dans le film.

1. Qu'a trouvé le peuple de Paris à l'intérieur de la Bastille ?
   a. De nombreux prisonniers politiques et philosophes contestataires
   b. Quelques faussaires et voleurs
   c. Des meurtriers en passe d'être condamnés à mort
2. Pourquoi le roi décide-t-il de se rendre à Paris ?
   a. Pour rappeler au peuple de Paris qu'il est roi de droit divin
   b. Pour calmer l'insurrection par sa présence
   c. Pour essayer de punir les coupables de la prise de la Bastille et en faire un exemple

3. Selon Monsieur Moreau, le roi a été acclamé par le peuple. Pourquoi?
   a. Louis XVI a annoncé qu'il était prêt à renoncer au trône de France
   b. Il a parlé debout et sans chapeau
   c. Il a annoncé qu'il transférait son gouvernement à Paris
4. Quelle qualité la reine envie-t-elle le plus chez Sidonie?
   a. La beauté
   b. L'intelligence
   c. La jeunesse
5. Pour la reine, la mission de Sidonie (aller en Suisse) lui donne une chance. Laquelle?
   a. De lui prouver l'authenticité de son dévouement
   b. De sauver sa vie
   c. De préparer en Suisse la future fuite de la reine
6. Qu'est-ce que reproche Alice à Sidonie?
   a. Sa position avantageuse auprès de la reine
   b. Sa personnalité peu chaleureuse
   c. Ses secrets sur ses origines familiales
7. Pourquoi le roi ne veut-il pas aller à Paris entouré de soldats?
   a. Il veut se montrer pacifique et accessible face au peuple de Paris
   b. Sa garde personnelle (les Gardes suisses) a déserté pour la plupart
   c. Il pense attirer moins l'attention des émeutiers de cette façon
8. Quelle récompense donne la reine à la brodeuse du Dalhia?
   a. Une belle horloge
   b. Des louis d'or
   c. Une robe qui lui appartenait
9. Pourquoi le roi vient-il subitement dans les appartements de la reine?
   a. Il veut lui annoncer son départ imminent pour Paris
   b. Il veut savoir si elle est d'accord pour rester à Versailles
   c. Il veut savoir si elle est d'accord pour fuir en Suisse
10. Pourquoi Madame de Rochereuil (la servante qui rangeait le linge de la reine) a-t-elle été renvoyée?
    a. Elle a manqué de respect à la reine
    b. Elle a volé des robes de la reine
    c. Elle était ouvertement hostile à Sidonie
11. Pourquoi Sidonie ne peut-elle pas travailler dans la bibliothèque?
    a. Elle n'a pas la permission de Madame Campan
    b. La bibliothèque n'a pas de lumière pour lire
    c. La bibliothèque est occupée par la présence de bagages de la reine
12. Madame de Rochereuil dit: «Vous avez tort de ne pas ramasser les miettes.» Que veut-elle dire?
    a. Il faut manger tout ce que l'on a dans son assiette
    b. Il faut voler aux nobles avant que le peuple de Paris le fasse
    c. Il faut ranger du mieux que l'on puisse pour servir la reine

Exercice 6. Les personnages du film

Pour chacun des adjectifs (colonne verticale de gauche), choisissez en groupes lequel des quatre personnages principaux correspond le mieux en en donnant une justification. Par exemple, qui est le plus calme des quatre et pourquoi, ensuite qui est le plus extraverti, etc.

	Sidonie	Marie-Antoinette	La duchesse de Polignac	Monsieur Moreau
Honnête				
Sympathique				
Introverti/e				
Insouciant/e				
Sentimental/e				
Frustré/e				
Manipulateur/ Manipulatrice				
Sournois/e				
Ingénu/e				

On Tourne !

 ## Exercice 7. Le bon ordre

Avec un ou une camarade de classe, écrivez et mettez les images en relation avec les dialogues qui correspondent. Pour chaque photo du film dans la première colonne, trouvez la phrase qui va avec, dans la troisième colonne. Notez dans la deuxième colonne quel personnage l'a dite dans le film. Pour ceci, essayez de vous rappeler dans quelle circonstance, à quel moment, pourquoi, etc.

1.		a. Gabrielle de Polignac ne fait pas partie de ces êtres dont on dispose comme d'une pâtisserie.
2.		b. Bon après tout, on s'en fout de la pendule de Monsieur Janvier.
3.		c. Je vois que la géographie n'entre pas dans vos compétences.
4.		d. Quand on fait les choses, il faut les faire entièrement.
5.		e. Les mots sont ma seule possession, Madame.
6.		f. Le peuple est une matière inflammable.
7.		g. Si je te dis que je pense qu'à toi depuis hier soir?
8.		h. Mademoiselle Laborde, pour qui vous prenez-vous?
9.		i. J'en ai assez de cette tapisserie qui n'en finit pas!
10.		j. Il ne faut pas supporter davantage d'être méprisés.

Exercice 8. On discute

En groupes, répondez aux questions sur le film.

1. Tracez le développement et la progression du personnage de Marie-Antoinette depuis le début du long métrage jusqu'à la fin.
2. Décrivez le comportement de Sidonie Laborde quand elle est dans le carrosse fuyant la France, avec Madame de Polignac et son mari déguisés en domestiques.
3. Comparez les sentiments de la duchesse de Polignac avec ceux de la reine.
4. Le film se déroule à Versailles, à l'intérieur du château. Comment est la vie de château d'après ce que l'on voit?
5. Pourquoi la reine est-elle souvent au Petit Trianon? (Elle y reste même dormir.)
6. Le film retrace la prise de la Bastille, le 14 juillet 1789, et les deux jours qui suivent. D'après les images que l'on voit de l'extérieur du château et ce que l'on entend grâce aux personnages, que se passe-t-il? Pourquoi? Que va-t-il arriver à la reine et au roi?
7. Dans le film, on apprend par les domestiques les événements qui se passent à l'extérieur du château. En ce 14 juillet 1789, le peuple est rentré dans la Bastille (qui était une prison) pour délivrer les prisonniers. Y avait-il beaucoup de prisonniers? Pourquoi est-ce une action symbolique?
8. Pourquoi le roi se rend-il sans escorte aux Etats-Généraux le lendemain de la prise de la Bastille (le 15 juillet)? Que veut-il prouver au peuple?
9. On ne voit pas la révolution, mais on l'entend à l'intérieur du château. Quels en sont les conséquences, bien que la violence n'ait pas encore directement atteint Versailles?
10. La reine fait préparer ses bagages pour partir à Metz. Est-ce qu'elle part avec sa famille? Pourquoi?
11. Au moment de la révolution, quelles sont les dames de compagnie et/ou les domestiques les plus fidèles à la reine? Que disent celles et ceux qui sont contre elle?
12. Le rôle principal est celui de Sidonie Laborde, la lectrice de la reine. C'est sous son regard et sa perspective que le film se déroule. Comment est son regard? Qu'approuve-t-elle et que condamne-t-elle?
13. Comment se termine le film? Est-ce que la fin vous a surpris? Pourquoi?
14. Expliquez le titre du film: à qui la reine fait ses adieux?
15. Vous avez aimé *Les adieux à la reine*? Justifiez votre réponse.

 Exercice 9. On rédige

Traitez un ou plusieurs sujets au choix. N'oubliez pas de justifier vos arguments et vos opinions, et de donner des exemples.

1. Que pensez-vous des monarchies actuelles? Etes-vous pour ou contre? Pourquoi? Quels rôles jouent-elles de nos jours? Sont-elles justifiables?

2. Aimeriez-vous vivre dans un pays dont le régime politique serait une monarchie? Lequel? Pourquoi?

3. Dans le film nous voyons que la reine a un attrait particulier pour la duchesse de Polignac. En aucun cas on ne voit que la relation est de nature sexuelle, mais plutôt qu'elle est amicale. Avez-vous un attrait intellectuel, ou une affinité intellectuelle, pour quelqu'un de votre sexe qui pense comme vous, en qui vous avez pleine confiance et avec qui vous pouvez parler de tout? (Ça peut être un/une ami/e, un membre de votre famille, ou quelqu'un dans votre vie.)

4. Existe-t-il encore de nos jours des personnes dévouées qui donneraient leurs vies pour un/une autre? Dans quel contexte? Donnez des exemples.

Exercice 10. On réagit

Avec un ou une camarade de classe, écrivez vos réactions sur ces dialogues à double sens, ou humoristiques, ou, au contraire, tragiques du film. Pourquoi, à votre avis, sont-ils significatifs? Quels commentaires et quels sentiments vous inspirent-ils? Analysez-les et comparez vos analyses avec la classe.

1. Dialogue entre Madame de Tournon (dame de compagnie de la duchesse de Polignac) et Sidonie, à la Petite Venise:
   MME DE TOURNON : Comment se porte la reine?
   SIDONIE : Comme un charme.
   MME DE TOURNON : Il paraît que le pain manque de plus en plus à Paris. C'est ainsi que les loups finissent par sortir du bois.

2. Conversation entre Alice et Sidonie en parlant de la broderie:
   SIDONIE : Moi tu vois, c'est comme si je voyageais dans un paysage merveilleux. Je comprends la reine quand elle passe des heures à contempler ses étoffes. Dans ces moments-là elle doit oublier qu'elle est reine.

3. MARIE-ANTOINETTE : Il est criminel que cette ville prétende dicter sa volonté au roi! Et à la France! Paris n'est pas la France!

4. Conversation, entre le roi et la reine (vers la fin du film, avant que le roi ne se rende aux Etats-Généraux):
   LA REINE : Ainsi donc, nous voilà prisonniers, vous et moi. [...] Que vous a dit Monsieur Bailly?
   LE ROI : Il m'a dit cette chose affligeante que le peuple ne désire pas seulement du pain, mais le pouvoir. Comment peut-on désirer le pouvoir? Moi qui ai toujours pensé que le pouvoir était une malédiction dont on hérite malgré soi. Une malédiction dissimulée sous un manteau d'hermine.

5. Derniers mots de Sidonie, à la fin du film: Je me nomme Sidonie Laborde. Je suis orpheline de père et de mère. J'étais la lectrice de la reine. J'obéis à la reine. Bientôt je serai loin de Versailles. Bientôt je ne serai plus personne.

 **Exercice 11. On analyse**

En groupes de quatre à cinq, dites pourquoi ou en quoi ces scènes sont significatives. Discutez de l'humour, l'ironie, les jeux de mots, etc.

1. Une des premières scènes où Sidonie et la reine lisent *Félicie* ensemble.
2. Scène où Sidonie est dans la gondole sur le lac de la Petite Venise avec le rameur, Paolo.
3. Scène du tri des vêtements de la reine en préparation de son départ pour Metz.
4. Scène entre Sidonie et la reine quand elle lui fait ses aveux et lui demande si elle a déjà été amoureuse d'une femme.
5. Scène où la duchesse de Polignac et la reine parlent de la couleur de la robe de la duchesse, avant de se dire adieux.
6. Scène où le roi fait ses adieux à la reine et à ses enfants, à Versailles, avant de partir en carrosse à Paris, aux Etats-Généraux.
7. Scène où Sidonie est déshabillée pour s'habiller comme la duchesse de Polignac.

 Exercice 12. A vous de tourner!

1. En groupes, trouvez d'autres événements historiques aussi importants que la Révolution française. Qu'ont-ils réussi à faire de positif? Présentez vos recherches à la classe.
2. Tracez la vie de la duchesse de Polignac. Qui était-elle? Avec qui était-elle mariée? Quel a été son rôle à la cour? Où a-t-elle fini ses jours?
3. Faites des recherches sur le roi Louis XVI et la reine Marie-Antoinette. De quel pays vient Marie-Antoinette? A quel âge s'est-elle mariée avec le roi? Comment était sa personnalité, d'après les historiens? Et le roi, comment était-il? Quelles étaient ses faiblesses? Et ses atouts?
4. Le film *Les adieux à la reine* est inspiré du roman de Chantal Thomas publié 10 ans plus tôt en 2002. Lisez l'entretien avec l'écrivaine sur l'adaptation de son roman et répondez aux questions. Faites une recherche sur internet avec les mots clés *Entretien, Chantal Thomas, lecerclepoints* (vous pouvez aussi trouver le lien à la fin du chapitre).
   a. D'après Chantal Thomas, comment était la Petite Venise à Versailles? Est-ce que le film a su dépeindre ce lieu fidèlement?
   b. Est-ce que le film a bien reflété les conditions dans lesquelles vivaient les nobles à la cour? Pourquoi?
   c. Que pense l'écrivaine du personnage de Marie-Antoinette dans le film?
   d. Chantal Thomas trace un parallèle entre le 11 septembre à New York et la Révolution française. Quel est ce parallélisme? Croyez-vous qu'elle ait raison? Pourquoi sommes-nous comme Sidonie?

Exercice 13. La différence d'usage entre *bon/bien* et *mauvais/mal*

Ecrivez le contraire de ce qui est souligné (pensez à la fonction grammaticale : adjectif ou adverbe) :

Par exemple : Sa majesté, a-t-elle <u>bien</u> dormi ?

        Le contraire : Sa majesté a-t-elle *mal* dormi ?

a. Et bien moi je ne fréquente pas la cour, mais j'ai de <u>bonnes</u> oreilles !
b. Ma <u>bonne</u> amie, vous me gâtez !
c. Je n'y vois plus <u>bien</u> clair.
d. Je tiens à vous éviter de <u>mauvaises</u> rencontres.
e. Je la revendrai à <u>bon</u> prix.
f. La seule idée de prendre la route me fait <u>mal</u> au dos.
g. J'en connais <u>bien</u> l'usage (des mots).
h. Votre amie a eu une très <u>mauvaise</u> idée.
i. Cette mascarade va <u>mal</u> se terminer.
j. <u>Bonne</u> route, Madame !

Exercice 14. Adverbe ou adjectif ?

Choisissez entre *pire, plus mal, plus mauvais, mieux, meilleur,* d'après les mots en anglais entre parenthèses. Expliquez vos choix.

1. (better) Je me sens beaucoup _____.
2. (worse, badly) Je me sens _____ que toi.
3. (worst) Je tiens à vous éviter de _____ rencontres.
4. (better) Je saurai sûrement _____ qu'elle trouver les mots pour la convaincre.
5. (best) Monsieur Moreau est le _____ des preneurs de notes.

Exercice 15. Comparez

Faites des comparaisons entre les personnages et les situations d'après le film.

        plus... que, • moins... que, • aussi... que, • autant... que

1. Sidonie et Lison
2. La reine et la duchesse de Polignac

3. Le peuple et les nobles
4. Versailles et Paris
5. Les robes de Sidonie et celles de la reine
6. Paolo et Monsieur Moreau

 ## Exercice 16. Complétez

Faites des comparaisons avec *le plus* ou *le moins*.

1. Les domestiques
2. Le peuple
3. La reine et le roi
4. Sidonie
5. Monsieur Moreau

Pas De Faux Pas!

  ## Exercice 17. Expressions idiomatiques

En groupes, trouvez le sens des expressions tirées du film.

1. L'important est de gagner la Suisse **sain et sauf**.
2. Vous me demandez de **servir d'appât**?
3. Sidonie **a le nez dans les livres**.
4. Je le crois **de tout cœur**.
5. Nous espérons que vous **serez à la hauteur**.
6. **Tu me casses les pieds** avec tes questions.
7. Celle-là [la duchesse de Polignac], **elle a réussi son coup**.
8. Plus rien **ne tourne rond** dans ce château.
9. C'est fini ces **messes basses**!

 ## Exercice 18. Lexique de l'époque

Regardez les mots et expressions suivantes qui s'utilisaient surtout à cette époque et trouvez les mots et expressions actuels.

a. Fâcheuse posture
b. Se porter
c. C'est le plus ardent de mes vœux
d. Être malodorant
e. Ce qui me charme
f. Comme un charme

1. Ce n'est pas la beauté de votre visage
2. Sentir mauvais
3. Renvoyer
4. En bonne santé
5. Mauvaise situation
6. Je m'appelle

g. Ce n'est point tant la joliesse de vos traits
h. Je me nomme Sidonie Laborde
i. Congédier sa femme de chambre
j. Tout se passe à merveille

7. Aller/se sentir (bien/mal)
8. Ça va très bien
9. Ce qui me plaît
10. C'est ce que je souhaite le plus

Les Liens Internet

Entretien avec l'écrivaine : www.lecerclepoints.com/page-les-adieux-reine-chantal-thomas-nous
-parle-film-189.htm

E.D.I. FILMS ET FIDÉLITÉ PRÉSENTENT

MARC ZINGA   AÏSSA MAÏGA

BIENVENUE À
MARLY-GOMONT

UN FILM DE JULIEN RAMBALDI

AVEC BAYRON LEBLI   MEDINA DIARRA   RUFUS   JONATHAN LAMBERT   JEAN-BENOIT UGEUX

Chapitre 10

BIENVENUE À MARLY-GOMONT

 Que suggère la photo du poster ? Est-ce que tous les membres de la famille semblent unis et heureux d'être en France ? Pourquoi ?

Synopsis

Tout juste diplômé de la faculté de médecine de Paris, Seyolo Zantoko vient d'écrire un important chapitre de sa vie. D'origine congolaise, il est déjà nommé médecin personnel du président Mobutu. Mais à la surprise de tous ses amis congolais, il souhaite éviter la corruption qui touche son pays et pense que son avenir est d'exercer la médecine en France. Tout se passe très vite car il est embauché par le maire d'un petit village, Marly-Gomont, dans le nord de la France, qui cherche désespérément un médecin généraliste pour ses habitants. Sa décision de s'installer en France est principalement motivée par l'obtention de la nationalité française dans l'espoir d'un avenir meilleur pour ses enfants. Il s'empresse de téléphoner à sa famille, qui est encore à Kinshasa, pour leur annoncer la bonne nouvelle. Dans l'euphorie générale, ceux-ci assument qu'il a un poste à Paris et sa femme se met à rêver d'une vie parisienne entre les grands boulevards et les grands magasins de la capitale. La famille déchante rapidement quand elle débarque donc à Marly-Gomont en bus sous une pluie torrentielle. Quelle n'est leur désillusion quand ils comprennent que le village se situe loin de Paris : la situation est beaucoup moins encourageante que prévue. Les habitants, qui n'ont jamais vu d'étrangers de leur vie, regardent d'un mauvais œil le médecin et craignent les nouveaux arrivants. Pour les enfants aussi le choc est violent, car ils sont victimes d'intimidation à l'école et subissent dès le premier jour les railleries de leurs camarades. La première patiente arrive au cabinet du médecin et voyant un docteur noir, décide de repartir tout de suite. Après des mois d'effort, et à force de côtoyer les habitants, la famille commence par être un peu appréciée. Anne (l'épouse du médecin) fait de son mieux pour s'intégrer dans la France des campagnes et essaie, tant bien que mal, de créer des liens au marché. Seyolo et son épouse ont une discussion houleuse, et celui-ci promet à contrecœur qu'ils vont finalement déménager à Bruxelles où vivent certains de leurs proches. Le film a été écrit par Kamini, le fils de Seyolo et Anne, et retrace l'histoire vraie de ses parents qui ont quitté la république démocratique du Congo (RDC), alors appelé Zaïre, dans les années 1970 pour s'installer dans un petit village du Nord de la France.

Avant Le Visionnement Du Film

 ### Exercice 1. On se prépare

En groupes, répondez aux questions en préparation du film.

1. Un des thèmes abordés dans le film est le racisme. Connaissez-vous des films qui parlent de ce problème ?
2. Le film parle aussi de la France rurale, aussi appelée la France « profonde » pour désigner les régions les plus reculées de France. Trouvez-vous cette expression péjorative ? Et pourquoi ?
3. Préférez-vous habiter dans un milieu urbain ou à la campagne ? Expliquez votre réponse.
4. Quelles sont les inconvénients et les avantages d'habiter, de travailler, de vivre à la campagne ?
5. Quelles sont les inconvénients et les avantages d'habiter, de travailler, de vivre en ville ?

 ### Exercice 2. Les acteurs et les personnages

Regardez le casting et dites si vous connaissez un/une des acteurs/actrices. Si oui, dites dans quel film vous l'avez vu(e) ou pourquoi vous le/la connaissez.

Marc Zinga	Seyolo Zantoko
Aïssa Maïga	Anne Zantoko
Bayron Lebli	Kamini Zantoko
Médina Diarra	Sivi Zantoko
Rufus	Jean
Jonathan Lambert	Lavigne

 ### Exercice 3. Le lexique

Lisez le lexique avant de faire des phrases avec les mots en caractères gras à la fin de la liste.

Le gus	Le type, le gars
Paumé/e	Perdu/e
La boue	La terre mouillée
Jacasser	Parler à haute voix
Mon bonhomme	Mon petit garçon
Increvable	Infatigable
Faire de la pub	Faire de la publicité
Le cabinet médical	Bureau du médecin
Un trou	Un tout petit village sans vie (péjoratif)

Ça va barder	Il va y avoir des problèmes
Casser la gueule (vulgaire)	Avoir une bagarre avec quelqu'un
Un calva	Un calvados (alcool digestif à base de pommes ou poires)
Il a du retour	Il est fort
Ce barouf	Ce désordre
Les fléchettes (f.)	Jeu de petites flèches (*darts*) (f.)
Chaussures (f.) en croco	Chaussures en peau de crocodile
Ausculter	Examiner (terme médical)
Un devis	Une estimation
Ça pue	Ça sent mauvais
Une maîtresse	Une amante
Filouter	Tricher
Un avortement	Un arrêt volontaire de grossesse
Un pépin	Un problème
Maroilles	Camembert de Picardie
Un avertissement	Une recommandation, une observation
Kinshasa	Capitale du Zaïre (aujourd'hui République Démocratique du Congo)
Accoucher	Donner naissance, enfanter
Andouille	Idiot
Souffler	Respirer
Embrayer	Passer l'embrayage dans une voiture
Ce type	Ce gars, cette personne
La trouille	La peur
La raclée	Une défaite, une punition
Noiraude	Noire (féminin et péjoratif)
Prendre la grosse tête	Être arrogant, fier de soi
Trinquer	Boire
Courbatures (f.)	Ressentir des douleurs dans ses muscles après un effort
Un boulot	Un travail
On va filer	On va partir
Embaucher	Donner un travail, engager quelqu'un
Un beignet	Une pâtisserie frite dans un bain d'huile

Regardez, dans le contexte, quelques mots et expressions du lexique tirés du film. Ensuite, écrivez des phrases avec les mots en caractère gras et comparez-les avec la classe :

a. Regardez ! Il y a le **gus** de l'an dernier.
b. C'est qui ? C'est le maire d'un village **paumé.**
c. Grâce à toi, ma fille est en sécurité. Tu peux prendre des **maîtresses**, pas grave, tu sais. J'ai eu beaucoup, beaucoup de maîtresses ! C'est juste il faut faire attention. Voilà !
d. Qu'est-ce qui t'a pris de nous faire venir ici ? Y'a pas d'immeubles, y'a pas de magasins. Y'a qu'un sale **trou** !

Exercice 4. Vrai ou faux ?

Indiquez si les affirmations sont vraies ou fausses.

1. Le maire du village cherche un médecin qui va rester longtemps dans le village. V F
2. Marly-Gomont est situé dans la région de la Normandie. V F
3. Anne, la femme de Seyolo, pense qu'ils vont vivre à Paris. V F
4. Seyolo Zantoko ne boit jamais d'alcool. V F
5. La première patiente du docteur est une petite fille avec une maladie de peau. V F
6. Sivi dit : « Papa, tu as entendu ? Ils t'ont appelé Docteur. » V F
7. La commémoration devant le monument aux morts célèbre l'armistice
   de la Seconde Guerre mondiale. V F
8. Anne ignorait le fait que son mari pouvait travailler comme médecin personnel
   du président au Congo. V F
9. Bernard et Dédé sont les premiers patients du docteur. Ils sont cousins. V F
10. A la messe de minuit, les villageois n'apprécient pas les chants de la famille
    congolaise. V F

 ## Exercice 5. Questions à choix multiples

Choisissez la bonne réponse d'après ce qui se passe dans le film.

1. Pourquoi le fermier parle lentement à Anne sur le marché ?
   a. Il pense qu'elle ne comprend pas
   b. Il ne sait pas qu'on parle français au Congo
   c. Elle a fait une overdose de drogue
2. Le père interdit à ses enfants de parler le lingala à la maison. Pourquoi ?
   a. Il n'aime pas cette langue car elle lui rappelle son pays
   b. Il veut que ses enfants s'adaptent à la culture française
   c. Il n'aime pas mélanger les deux langues
3. Un jour Anne suit son mari dans une ferme. Pour quelle raison décide-t-elle de l'espionner ?
   a. Elle pense qu'il a une maîtresse
   b. Elle trouve louche le fait qu'il doive se lever tôt le matin
   c. Elle trouve son état de fatigue anormal
4. Le docteur Zantoko voit sa demande d'obtention de la nationalité française retardée car
   a. Il est orphelin, sa date et son lieu de naissance ne sont pas vérifiables
   b. S'il veut avoir la nationalité française, il doit renoncer d'abord à la nationalité congolaise
   c. Il n'a pas de résidence officielle en France
5. Bernard et Dédé refusent de payer le docteur pour la consultation médicale. Pourquoi ?
   a. Ils trouvent qu'il n'a rien trouvé concernant leurs problèmes de santé
   b. Il n'est pas un dentiste et donc ne mérite pas d'être payé
   c. Ils pensent que le docteur n'est pas un vrai médecin

6. Anne demande à son mari Seyolo de lui faire une promesse solennelle
    a. Si le cabinet médical ne marche pas, il doit essayer sa chance à Paris
    b. Si le cabinet médical ne marche pas, ils rentreront à Kinshasa au Zaïre
    c. Même si le cabinet médical commence à marcher, ils partiront vivre en Belgique
7. Kamini et Sivi rapportent à leur parents les propos racistes tenus à leur encontre
    a. Anne suggère d'ignorer les commentaires racistes
    b. Seyolo leur dit de répondre, même s'il faut se battre physiquement
    c. Seyolo, leur dit que la violence ne sert à rien
8. Pour aider à la réélection du maire sortant, Seyolo Zantoko essaie de persuader ses amis de voter en leur disant
    a. En votant pour le maire, ce dernier le gardera comme médecin
    b. En votant pour le maire, ce dernier va rénover le stade de foot
    c. En votant pour Lavigne, ce dernier va fermer le bar les soirs de semaines
9. Le docteur Zantoko est mort en 2009. Dans quelles conditions ?
    a. De mort naturelle dû à son grand âge
    b. A la suite d'une longue maladie
    c. A la suite d'un accident de voiture
10. Aujourd'hui Anne, la maman, vit où ?
    a. A Paris
    b. A Bruxelles
    c. A Kinshasa

Exercice 6. Quelles sont les différents visages du racisme ?

Avec un ou une camarade de classe, écrivez vos définitions personnelles sur ces thématiques importantes avec si possibles des exemples précis (soit personnels ou venant du film lui-même). Ensuite, comparez vos définitions.

	Votre définition
Un préjugé	
La discrimination	
L'intégration	
L'intolérance	
L'antisémitisme	

Le « vivre ensemble »	
La xénophobie	
Le racisme	
L'ignorance	
La haine raciale	
La ségrégation	

 Exercice 7. Les clichés du film

Certaines critiques ont souligné que le film véhiculait un grand nombre de clichés. Toutefois, les comédies gagnent souvent à s'appuyer sur des ressorts caricaturaux pour s'assurer des réactions des spectateurs. Qu'en est-il de vous? Avez-vous pu identifier quelques stéréotypes dans le film? Lesquels? Essayez d'en trouver cinq.

   1. _____

   2. _____

   3. _____

   4. _____

   5. _____

 Exercice 8. La chanson de rap *Marly-Gomont* de Kamini

Lisez la biographie de Kamini, puis écoutez sa chanson. Ensuite, regardez le lexique et répondez aux questions en groupes.

La chanson de rap qui est à l'origine du film a pour titre *Marly-Gomont*. Kamini Zantoko en est l'auteur. Il est né en 1979 dans l'Aisne, en Picardie. Après le lycée, Kamini quitte son village pour faire des études d'infirmier. En 2006 avec ses amis, Kamini écrit et tourne la vidéo *Marly-Gomont* qui raconte avec ironie le désœuvrement des jeunes dans la France rurale, avec en plus les nombreux obstacles qui se dressent lorsque l'on est la seule famille de noirs du village. Un an plus tard en 2007, Kamini remporte le prix du clip de l'année aux Victoires de la musique pour le titre *Marly-Gomont*. Faites une recherche sur internet avec les mots clés *Kamini* et *Marly-Gomont* (vous pouvez aussi trouver le lien à la fin du chapitre). Voici un extrait de la chanson de rap *Marly-Gomont* de Kamini.

Marly-Gomont
Kamini

Dédicacé à tous ceux qui viennent des petits patelins,
Ces petits patelins paumés pour qui personne n'a jamais rappé, même pas un flow,
Ces petits patelins paumés que même la France elle sait pas qu'ils sont là chez elle,
Les petits patelins paumés que personne ne connaît, même pas Jean-Pierre Pernaut
Je m'appelle Kamini, je viens pas de la téci,
Je viens d'un petit village qui s'appelle Marly-Gomont,
Alors qu'on monte sur le beat hein, le beat qui fait « ta da da da din »
A Marly-Gomont, y'a pas de béton,
65 ans la moyenne d'âge dans les environs,
Un terrain de tennis, un terrain de basket,
Trois jeunes dans le village donc pour jouer c'est pas chouette,
Je viens d'un village paumé dans l'Aisne, en Picardie, facilement,
95 % de vaches, 5 % d'habitants, et parmi eux,
Une seule famille de noirs, fallait que ce soit la mienne, putain un vrai cauchemar.
J'ai dit à mon père : « On aurait pu aller s'installer à Moscou, non ? On aurait pas trop été dépaysé
par la température, ni par les gens ».
Il m'a répondu : « Hé et comment ça, mais tu te moques de moi, toi, mais ça va aller hein »
Tu parles, j'avais six ans, premier jour d'école et ben j'ai chialé à cause de ces petits cons là-bas,
Tu sais comment ils m'appelaient ? « Hé bamboula, hé pépito, hé bamboula, hé le noiraude ».
Dans la bouche des enfants, réside bien souvent la vérité des parents.
Je viens pas de la cité, mais le beat est bon,
Je viens pas de Paname, mais de Marly-Gomont
Y'a pas de bitume là bas, c'est que des pâtures,
mais celà n'empêche que j'ai croisé pas mal d'ordures.

Lexique de la chanson

Un patelin	Un petit village
Paumé	Perdu, isolé
La té-ci	La cité (verlan), quartiers difficiles (*housing projects*)
Le béton	Le bitume (*concrete*)
Chialer	Pleurer
Une ordure	Une personne vile, malhonnête
Paname	Paris
Le bitume	Le béton (*concrete*)
Les pâtures (f.)	Les champs (m.), les prés (m.)

En groupes, répondez aux questions sur le texte de la chanson : Kamini dit : « Dans la bouche des enfants réside bien souvent la vérité des parents. » Qu'en pensez-vous ? Selon vous, les enfants pensent-ils nécessairement la même chose que leurs parents ? Cette maxime vous rappelle-t-elle un moment précis du film ? Lequel ?

On Tourne!

Exercice 9. Le bon ordre

Avec un ou une camarade de classe, écrivez et mettez les images en relation avec les dialogues qui correspondent. Pour chaque photo du film dans la première colonne, trouvez la phrase qui va avec, dans la troisième colonne. Notez dans la deuxième colonne quel personnage l'a dite dans le film. Pour ceci, essayez de vous rappeler dans quelle circonstance, à quel moment, pourquoi, etc.

1.		a. On va lui mettre sa raclée à celle-là.
2.		b. Tu connais ça le chou ?
3.		c. Il faudrait que vous passiez du temps avec eux.
4.		d. A Paris ? Mais ça change tout. Il fallait le dire.
5.		e. Vous avez eu la chance d'acquérir en France votre savoir.
6.		f. Le premier qui me rapporte une mauvaise note, ça va barder.
7.		g. Ça fait une semaine que je ne dors pas, car je crois que tu as une maîtresse.
8.		h. Vous n'avez jamais vu des noirs ? C'est ça ?

Exercice 10. On discute

En groupes, répondez aux questions sur le film.

1. Durant quelle décennie croyez-vous que le film se déroule? Expliquez votre réponse et donnez des exemples (par exemple, les voitures).

2. Pourquoi est-ce que Seyolo ne veut pas repartir au Zaïre après avoir obtenu son diplôme de médecine? Et pourquoi veut-il que sa famille vienne en France?

3. Pourquoi est-ce que le fait qu'une famille noire s'installe dans un petit village fait que les perceptions et les préjugés envers les gens de couleur soient encore plus marqués? Quels sont les préjugés qu'ont chacun d'eux?

4. Comment réagit Seyolo au traitement qu'il reçoit des habitants du village? Est-ce que sa réaction est différente de celle de sa femme? Comment? Pourquoi renie-t-il ses origines? Qu'est-ce qu'il empêche ses enfants de faire? Pourquoi?

5. Pourquoi est-ce que Seyolo a presque honte des membres de sa famille qui habitent à Bruxelles?

6. Comment est Anne, la femme de Seyolo? Où croyait-elle aller vivre en France? Est-ce que Seyolo lui a vraiment menti? Comment est-ce que son rôle évolue tout au long du film?

7. Comment sont les enfants de Seyolo? Comment s'intègrent-ils dans le village? Comment sont-ils acceptés?

8. Expliquez la rivalité entre le maire, Monsieur Ramollu, et son adversaire aux élections municipales, Monsieur Lavigne.

9. Nous pouvons voir le choc entre deux cultures et deux races. Faites deux colonnes et notez ce qui caractérise d'un côté la culture africaine (ou du moins du Zaïre/RDC d'après ce que l'on voit dans le film) et de l'autre la française (toujours d'après le film).

10. Le bar du village tient un rôle central dans le film. Pourquoi?

11. Comment est-ce que Seyolo gagne la confiance des habitants du village? Comment leur prouve-t-il qu'il est un vrai médecin, aussi bon qu'un médecin français?

12. Quels rôles jouent les enfants de l'école au spectacle? Pourquoi? Quel message font-ils passer? Que réussissent-ils à faire?

13. Seyolo est un médecin de campagne. Comment sont les médecins de campagne? Qu'est-ce qui les différencie des autres? Et dans le cas de Seyolo, quel genre de médecin de campagne est-il?

14. Qu'est-ce qui se prouve le jour des obsèques de Seyolo? Qu'a-t-il réussi? Que laisse-t-il derrière lui?

 **Exercice 11. On rédige**

Traitez un ou plusieurs sujets au choix. N'oubliez pas de justifier vos arguments et vos opinions, et de donner des exemples.

1. A la fin du film, nous voyons que Seyolo et sa famille se sont bien intégrés à la vie du village. D'après vous, est-ce qu'il faut que les immigrés assimilent la culture du pays pour pouvoir s'intégrer, ou alors pensez-vous que l'acculturation est préférable ? Expliquez votre réponse et définissez les deux termes.

2. Est-il facile d'émigrer ? Venez-vous d'une famille d'immigrés ? De quel pays ? Comment est-ce que votre famille s'est intégrée ? Quelles sont les difficultés et les défis que votre famille a rencontrées (pensez aux préjugés) ? Si votre famille n'a pas immigré aux Etats-Unis, pensez-vous qu'il y a des préjugés envers certains immigrants ? Quels sont-ils et pourquoi existent-ils ? Quelles sont les barrières auxquelles les immigrés sont confrontées ?

3. Y a-t-il, comme dans le film, des différences sociales et culturelles entre les villes et la campagne dans votre pays ? Justifiez votre réponse.

4. Pensez-vous qu'il est difficile de grandir biculturel et bilingue ? Comment réconcilier les deux cultures et garder les deux langues ? Est-ce un avantage ou au contraire un fardeau (*burden*) pour se construire une identité ? Elaborez votre réponse.

 Exercice 12. On réagit

Avec un ou une camarade de classe, écrivez vos réactions sur ces dialogues à double sens, ou humoristiques, ou, au contraire, tragiques du film. Pourquoi, à votre avis, sont-ils significatifs ? Quels commentaires et quels sentiments vous inspirent-ils ? Analysez-les et comparez vos analyses avec la classe.

1. Le maire du village qui parle avec Seyolo au début du film, lors de leur première rencontre :
   LE MAIRE (qui tient le diplôme de Seyolo dans ses mains) : C'est un vrai ?
   SEYOLO : Aussi vrai que celui des autres. [Le maire et Seyolo continuent leur conversation.]
   LE MAIRE : Ecoutez, je ne pense pas que votre famille se plaira chez nous.
   SEYOLO : Pourquoi non ? C'est la France !
   LE MAIRE : Oh, non, non, non ! Ce n'est pas la France. C'est la campagne. Il fait froid, il pleut, y'a de la boue, y'a rien qui s'y passe. Allez au revoir.
   SEYOLO : Je comprends pas. Vous devriez me convaincre de venir dans votre village et vous faites tout le contraire. C'est parce que je suis noir, c'est ça ?
   LE MAIRE : Les gens n'ont jamais vu de noirs à Marly-Gomont.
   SEYOLO : Et alors ? Il faut bien qu'ils en voient un jour !

2. Un des dîners en famille, après le premier jour d'école :
   KAMINI : A l'école on m'a traité de noir !
   SAYOLO : Et alors, où est le problème ? Tu es noir, non ? Ecoutez, c'est normal, on vient d'arriver. Les gens ne nous connaissent pas. C'est à nous de faire des efforts. D'être aimables si on veut se faire apprécier.
   SIVI : On m'appelle la noiraude !

KAMINI : Moi, c'est Pepito Banania !

ANNE : Qui vous appelle comme ça ?

LES ENFANTS : Tout le monde !

ANNE : C'est pas possible ! Il faut vous défendre ! Le prochain qui fait ça, vous lui cassez la gueule.

SEYOLO : Non, non, non ! On se calme ! La violence ça ne sert à rien. C'est pour les imbéciles. Aujourd'hui, je suis allé rendre visite à un patient, et il m'a tiré dessus avec son fusil.

ANNE : Ah ? Il t'a vraiment tiré dessus ?

SEYOLO : Oui.

KAMINI : Qu'est-ce que tu as fait ?

SEYOLO : Et bien, qu'est-ce que tu voulais que je fasse ? J'ai plongé par terre !

SIVI : Et tu t'es enfui ?

SEYOLO : Oui !

KAMINI : Comme un lapin ?

SEYOLO : Oui, comme un lapin !

3. Dialogue entre Kamini et Seyolo (Kamini est au lit).

KAMINI : Dis, Papa, t'es un vrai docteur ?

SEYOLO : Oui, pourquoi tu me demandes ça ?

KAMINI : A l'école, les autres ils pensent que tu es un marabout. Un docteur noir pour eux ça n'existe pas.

SEYOLO : Mais tu verras, bientôt, ils le croiront. Allez, dormez bien mes amours.

4. Seyolo vient de rentrer chez lui, le soir, après avoir travaillé à la ferme. Dialogue entre lui et sa femme.

SEYOLO : Je suis épuisé !

ANNE : Tu as eu des patients ?

SEYOLO : Oui, quelques-uns.

ANNE : Ah, mais c'est formidable !... Mais, dis-donc, qu'est-ce qui pue comme ça ?

SEYOLO : Ah, je ne sais pas !

ANNE : Ça pue la vache !

SEYOLO : Ah ? Tu trouves ?

ANNE : Oh ! Ou plutôt, ce qui sort du cul de la vache !

SEYOLO : Ah ! Ça y est ! Je sais, oui ! J'ai soigné des agriculteurs, c'est pour ça.

ANNE : Tout s'explique.

SEYOLO : Bon, je vais prendre un bain.

ANNE : Oui, bonne idée !

5. Le maire au Bar Central (parle à tout le monde qui est présent) :

Messieurs ! Ce soir, je lève mon verre à mon nouvel employé, Seyolo, qui a dû accepter un travail à la ferme, faute de patients dans son cabinet. Et puis, un conseil à tous ceux qui voudront cultiver autre chose l'année prochaine : la terre de par ici est très fertile à la connerie. Ici, les cons ça pousse très bien. Santé. Bonne soirée !

6. Dialogue entre le maire et Seyolo, quand Seyolo marche sous la pluie, saoul, après que sa femme l'a quitté.

LE MAIRE : Qui garde les enfants ?

SEYOLO : Les enfants se gardent eux-mêmes, ils n'ont pas besoin de moi. Personne n'a besoin de moi. Même ma femme n'a plus besoin de moi !

LE MAIRE : Allez, viens, je te ramène.

SEYOLO : Sûrement pas !

LE MAIRE : Seyolo, où tu vas ? Reviens ! Ne sois pas ridicule !

SEYOLO : Je suis ridicule ! J'ai tout fait pour me faire accepter, pour quels résultats ? C'est vrai, j'ai renié mes origines, moi, l'orphelin de Biongo.

Exercice 13. On analyse

En groupes de quatre à cinq, dites pourquoi ou en quoi ces scènes sont significatives. Discutez de l'humour, l'ironie, les jeux de mots, etc.

1. Scène où la famille arrive pour la première fois au village. Il pleut, il fait froid et gris. Il n'y a que la campagne autour d'eux.
2. Scène où Anne va au marché du village et le vendeur lui parle comme si elle ne comprenait pas.
3. Scène où la famille de Bruxelles fête Noël chez Seyolo et Anne et décident d'aller à l'église.
4. Scène où Anne est au marché et elle entend les femmes du village dire du mal de Seyolo.
5. Scène où Seyolo reçoit, dans son cabinet, Bernard qui fait de la tachycardie et son frère Dédé, qui baisse son pantalon pour que le docteur l'ausculte.
6. Scène où Anne suit Seyolo qui part travailler à la ferme du maire.
7. Scène où Seyolo accouche d'urgence une des femmes du village.
8. Scène où les enfants font leur spectacle à l'école, le jour des élections municipales.
9. Scène finale aux obsèques de Seyolo avec la voix en off de Kamini adulte.

Exercice 14. A vous de tourner !

1. Le film est «inspiré d'une histoire vraie». Est-ce que Seyolo Zantoko a vraiment existé ? Si oui, était-il médecin à Marly-Gomont ? Est-il toujours en vie, s'il a existé ? En groupes, faites une recherche sur internet dans au moins trois journaux ou trois sources différentes et discutez avec la classe si le film est fidèle à la réalité.
2. Ecoutez cet entretien dans une émission de radio sur le père de Kamini et expliquez pourquoi Kamini a décidé de faire un film sur sa vie au lieu d'un sitcom : Faites une recherche sur internet avec les mots clés *Kamini, mon père, France Inter*. Expliquez aussi cette citation de Kamini : «Mon père était un vrai personnage de cinéma.»
3. Kamini, vous l'avez vu dans la première partie de ce chapitre, est un chanteur de rap très connu en France, en partie grâce au film *Bienvenue à Marly-Gomont*. Mais Kamini est aussi infirmier et humoriste. En groupes, regardez le clip sur les prénoms africains et expliquez pourquoi les répliques suivantes font rire le public. Faites une recherche sur internet avec les mots clés *Kamini* et *prénoms africains*.
   a. Kamini commence le clip en disant : «Ce n'est pas catimini, c'est Kamini.» Cherchez le sens de «catimini» ou de l'expression «en catimini».
   b. «Kamini c'est mon nom d'artiste, mais c'est aussi mon vrai prénom, c'est un drôle de prénom, parce que c'est un prénom africain, mais bon, il y a pire !»

c. «Moi j'ai un cousin qui s'appelle Boukaka [...] va expliquer aux autres enfants je m'appelle Boukaka»

d. «J'ai constaté qu'il y a des noirs qui font des efforts et qui prennent des prénoms français, mais au lieu de prendre des prénoms français, ils prennent des prénoms en français, ils ont pas compris le concept, alors du coup dans ma famille il y a des mecs qui s'appellent Magloire, Majoie, Bienvenue. Avec Bienvenue au début on avait du mal : Bonjour Kamini, Bonjour Bienvenue!»

e. «La semaine dernière, je vais à la maternité voir ma tante qui vient d'accoucher, elle me dit, tu vois ma fille est belle, j'ai choisi son prénom en regardant *Alice au pays des merveilles*.
Ah! Tu l'as appelé Alice?
Non! Merveilles!»

Et vous, est-ce que l'humour de Kamini vous a fait rire? Pourquoi?

4. Aïssa Maïga est l'actrice qui joue le rôle d'Anne Zantoko. En groupes, lisez l'entretien d'Aïssa Maïga. Faites une recherche sur internet avec les mots clés *missebene*, *entretien* et *Aissa Maiga* (vous pouvez aussi trouver le lien à la fin du chapitre) et discutez avec la classe des raisons pour lesquelles elle a accepté de jouer ce rôle, l'importance du fait que le film se déroule en 1975, le personnage d'Anne et des femmes africaines, la fascination avec Paris, comment rester authentique en évitant les caricatures (ou stéréotype) et finalement, son travail avec Marc Zinga, qui joue le rôle de Seyolo Zantoko. En général, êtes-vous d'accord avec elle? Expliquez votre opinion.

5. Le père de famille est au centre du film. Il est très présent dans la vie de ses enfants et c'est pour eux qu'il a accepté d'aller exercer comme médecin dans un petit village de campagne. Kamini a rendu hommage à son père avec ce film. D'autres chanteurs n'ont pas eu autant de chance que Kamini : Corneille et Stromae, par exemple, ont perdu leurs pères (et Corneille sa mère aussi) lors du génocide au Rwanda. En groupes, écoutez ces deux chansons et lisez les paroles, puis partagez les émotions qu'elles vous évoquent. Quels sont leurs messages? Corneille, *Seul au monde* : Faites une recherche sur internet avec les mots clés **Corneille**, **Seul au monde**.
Stromae, *Papaoutai* : Faites une recherche sur internet avec les mots clés **Stromae**, et **Papaoutai**.

Notes Grammaticales

 Exercice 15. Le subjonctif présent et l'indicatif

Regardez les phrases suivantes et dites pourquoi les verbes sont conjugués au subjonctif ou à l'indicatif (présent, futur, etc.).

1. Ce qui est sûr c'est que si tu **vas** là-bas, Seyolo, ta nationalité, ils vont t'en faire cadeau.
2. Je suis sûre que vous **pouvez** m'obtenir une dérogation.
3. Il faut bien qu'ils en **voient** un jour, non? (En parlant des noirs.)
4. Ici, je sais qu'ils [les enfants] **auront** un avenir.

5. Il veut qu'on **aille** habiter en France !

6. Qu'est-ce que tu voulais que je **fasse** ?

7. Je sais que vous **avez** le pouvoir d'influencer les mentalités.

8. Ils pensent que tu **es** un marabout.

9. Il faut que tu **viennes** tout de suite à l'école.

10. Je crois que tu **as** une maîtresse.

11. Tu voulais que je **sois** une de plus, comme les autres.

12. Je ne pense pas que ça **soit** une bonne idée.

 ## Exercice 16. Infinitif et subjonctif

Les phrases suivantes sont à l'infinitif. Mettez ces phrases au subjonctif :

Par exemple : Il faut toujours **écouter** le prof. → Il faut toujours que Sivi et Kamini **écoutent** le prof.

1. Il ne faut pas **être** en retard. → _____

2. Il faut vous **défendre**. → _____

3. Quand c'est Michel qui tire [aux fléchettes] il vaut mieux **être** derrière lui. →

_____

4. Il faut **voir** le dentiste. → _____

5. Il faut **aller** à l'hôpital. → _____

6. J'ai hâte de **venir** voir ça. → _____

7. Il vaut mieux **jouer** à la corde à sauter. → _____

Exercice 17. Soyez logiques !

Maintenant complétez les phrases de façon logique, d'après ce qu'il se passe dans le film. Attention aux temps verbaux ! (Subjonctif, indicatif, etc.)

1. Pour être accepté au village, il faut que Seyolo _____

2. Avant d'arriver en France, Anne pense que _____

3. Les gens du village, ne croient pas que Seyolo _____

4. La petite Sivi ne veut plus _____

5. Anne prend des cours de conduite parce qu'elle ne sait pas _____

6. Quand les gendarmes sont arrivés au cabinet de Seyolo, il ne sait pas que Lavigne

_____

7. Anne est sûre que _____

Exercice 18. C'est bien français !

Dans le film il y a des expressions qui sont bien françaises. Nous allons les analyser afin de mieux les comprendre.

a. [Un ami de Seyolo qui vient d'obtenir lui aussi son diplôme et qui parle du maire qui entre dans le bar] Chaque année, il ratisse ici dans l'espoir de trouver un pigeon qui voudra bien s'enterrer dans son trou. → le verbe *ratisser* veut dire chercher (minutieusement) ; *un pigeon* c'est un oiseau, mais dans ce contexte c'est quelqu'un qui ne sait pas et que l'on trompe ; *s'enterrer* c'est littéralement se mettre sous terre, mais quel est le sens figuré ici ? Avec un/une partenaire, pouvez-vous expliquer cette phrase ?

b. [La famille Zantoko qui vient d'arriver au village, sur la route] Anne : C'est la cambrousse ici, y'a rien ! Seyolo : Arrête de jacasser comme une poule ! → *la cambrousse* c'est la campagne en langage familier ; *jacasser* c'est crier, parler fort ; et une poule qu'est-ce que c'est ? Alors, que veut dire *jacasser comme une poule* ?

c. [Le maire en parlant de la pluie] On dit chez nous, *s'il pleut c'est qu'il va pleuvoir* → pouvez-vous expliquer ce que veut dire cette expression ?

d. [Anne qui suit Seyolo jusqu'à la ferme et qui pense qu'il a une maîtresse] Seyolo : Mais où tu vas chercher ça ? Anne : Mais je vais rien chercher du tout ! C'est toi avec ton petit manège là. → Pouvez-vous expliquer ce que veut dire *chercher* ici ? *Un manège* c'est pour les enfants, souvent dans les foires, ça tourne pendant que les enfants sont sur des animaux ou des véhicules inamovibles en bois ou plastique. Il y a souvent de la musique qui joue. Pourquoi Seyolo fait *un manège* ? (Sens figuré).

Les Liens Internet

Marly-Gomont, chanson de rap : www.youtube.com/watch?v=GGPXjiwlWZc
Interview de Kamini : www.youtube.com/watch?v=E0JaOwMgTA4
Kamini sur scène : www.youtube.com/watch?v=qjpBqTgOqKo
Entretien d'Aïssa Maïga : www.missebene.fr/bienvenue-a-marly-gomont-entretien-avec-aissa-maiga
Corneille, Seul au monde : www.youtube.com/watch?v=tf1BTnLfvyE
Stromae, Papaoutai : www.youtube.com/watch?v=LhddrZJ98SI
Stromae, Papaoutai : www.youtube.com/watch?v=oiKj0Z_Xnjc

Nadine **Labaki**   Hiam **Abbass**   Lubna **Azabal**   Morjana **Alaoui**   Adel **Bencherif**   and Omar **Sharif**

Rock *the* Casbah

A COMEDY. ABOUT A TRAGEDY.

LYES SALEM FATIMA NAGANDA "RADOUN" ASSIA BENYEBA HASSAN EL GANDOUNI JADE NABRIR SAHRA JEHAIDI ALADID MOHAMED AYAD ADEL BENCHERIF LAILA MARRAKCHI ALEXANDRE AJA PIERRIC GANTELMI D'ILLE BENOIT BAROUH JENNIFER RUIS RUIS CEDRIC DELEURCE ALEXIS PLACE MARIE DUSENE ALI CHERKAOUI LA F.A.IO CLEMENTINE SCHAEFFER CONSTANCE BENHAMOU HACINE TAXI AYDA DOUIRI ALBERT BLASIUS JONATHAN BLOMENTAL ALEXANDRE AJA MATTHIEU PRADA ESTRELLA PATHE AGORA FILMS LA CHAUVE-SOURIS CANAL + OCS THE CENTRE NATIONAL DU CINEMA ET DE L'IMAGE ANIME STEPHANE CARRERAS ROMANILLE GRAND GOTLIB LAHLOU ENOKCE BELOCIO PATHE PROGRAMME MEDIA DE L'UNION EUROPEENNE CENTRE CINMATOGRAPHIQUE MAROCAIN WITH NO SUGAR NO MILK BACK OF MEDIA SOTICHINAR S CORINEITA S CINHARSE 2

CANAL+   CNC   Cinémage   UP   OCS   PATHE!

Chapitre 11

ROCK THE CASBAH

 Comment interprétez-vous l'affiche du film ? Y a-t-il un lien entre l'image et le titre ? Pourquoi ce mélange de langues ?

Synopsis

L'histoire se passe à Tanger, au Maroc, et retrace les trois jours de l'enterrement de Moulay Hassan, patriarche autoritaire et adoré d'une riche famille marocaine, décédé subitement d'une crise cardiaque. Comme le veut la tradition musulmane, les membres de sa famille se sont réunis pour une période de deuil de trois jours. Moulay Hassan laisse derrière lui un gros patrimoine (de nombreuses maisons et des terrains dans tout le Maroc), mais aussi beaucoup de tensions familiales car mis à part son frère, ses héritiers se résument à sa femme Aïcha et ses filles Miriam, Kenza et Sofia, et par conséquent aucun héritier direct mâle. L'arrivée de Sofia de New York, la benjamine de la famille, va accélérer la tournure des événements. Quelques années auparavant, Sofia a quitté le Maroc, contre l'avis de son père, pour poursuivre une carrière d'actrice à Hollywood et revient après plusieurs années d'absence. Elle est mariée avec Jason, un réalisateur américain, et a un petit garçon Noah. Son retour va être le moyen de régler certains comptes avec sa famille et de bouleverser l'ordre établi depuis toujours par le patriarche despotique. Ses sœurs, qui sont toujours restées à Tanger, sont visiblement jalouses et même agacées de sa réussite professionnelle à Hollywood et prennent un certain plaisir à lui rappeler que les contrats qu'elle parvient à décrocher se réduisent souvent à des rôles de terroristes islamiques pour des séries télévisées. Malgré plusieurs tentatives plus ou moins vaines de renouer avec ses sœurs, Sofia critique ouvertement leur choix d'épouser des Marocains que leur père avait approuvés à l'avance afin de préserver ses intérêts et la réputation de sa famille. Pour elle, ces mariages arrangés sont vides de sens et sans amour. Elle se rend compte que les femmes au Maroc sont trop souvent victimes du machisme et du poids de la religion. Durant ces trois jours, bien des secrets vont être exposés et la réconciliation s'annonce difficile et longue.

Avant Le Visionnement Du Film

 Exercice 1. On se prépare

En groupes, répondez aux questions en préparation du film.

1. Qu'est-ce que la francophonie? Donnez-en une définition.
2. Avez-vous déjà regardé des films francophones? Lesquels?
3. Connaissez-vous des pays francophones? Faites-en une liste. Si vous en avez visité un (ou plusieurs), quelles ont été vos impressions?
4. Ce film est fait par une femme et tous les rôles principaux sont joués par des femmes. Connaissez-vous des films similaires dans votre pays? Dressez une liste et discutez-en avec vos camarades.

 Exercice 2. Les acteurs et les personnages

Regardez le casting et dites si vous connaissez un/une des acteurs/actrices. Si oui, dites dans quel film vous l'avez vu(e) ou pourquoi vous le/la connaissez.

Omar Sharif	Moulay Hassan (le père défunt)
Morjana Alaoui	Sofia (la fille actrice)
Nadine Labaki	Miriam (la fille)
Lubna Azabal	Kenza (la fille professeure)
Hiam Abbass	Aïcha (la mère)
Raouia	Yacout
Adel Bencherif	Zakaria
Assia Bentria	Lalla Zaza (la grand-mère)
Jad Mhidi Senhaji	Noah (le fils de Sofia)

 Exercice 3. Le lexique

Lisez le lexique avant de faire des phrases avec les mots en caractères gras à la fin de la liste.

Raclée au golf	Une leçon, une correction humiliante
Arrête avec ton cinéma	Arrête de mentir, de jouer la comédie
Pansements (m.)	Bandages pour panser une blessure (*Band-Aids*)
Tu te fous de ma gueule? (vulgaire)	Tu te moques de moi?
Boniche (f.)	Servante, femme de ménage (péjoratif)
Un piercing	En français, on dit aussi bien se faire percer les oreilles que se faire faire un piercing.
C'est dingue!	C'est fou!

150

On tourne!

Tournage (m.)	Réalisation d'un film
Cracher son venin	Dire des choses méchantes
Faire grève (f.)	Refuser de travailler pour protester
Décrocher un rôle	Obtenir un rôle dans un film
Le mec	Le gars, le type, l'homme, le garçon
Cicatrices (f.)	Traces, blessures, marques
Mettre le voile	Porter le voile pour raison religieuse
Les obus (m.)	Projectile d'un canon (*shell*)
Broche	Bijou s'épinglant sur un vêtement (*brooch*)
J'en ai marre	J'en ai assez
Couscous (m.s.)	Plat marocain
Le gosse	L'enfant
Il est crevé	Il est fatigué
Famille tarée	Famille de fous
Une gamine	Une jeune fille
C'est dégueulasse	C'est dégoûtant
La bonne	La servante
Je me planque pas	Je ne me cache pas
De quoi elle se mêle?	Pourquoi veut-elle intervenir dans mes affaires?
J'ai l'air coincée?	J'ai l'air timide? Je me retiens?
Une conne	Une idiote
T'es qu'un minable	Tu n'es qu'un raté, un looser
Pièces détachées	Pièces pour les voitures
On sortait en boîte	On sortait danser en discothèque
Avis de décès (m. s.)	L'annonce de la mort de quelqu'un dans un journal
Ramasser tout	Prendre tout
Le défunt	Le mort
Je vais me gêner	Je ne vais pas me gêner (signifie le contraire par sarcasme)
Je vais pas me gêner	Je vais délibérément faire quelque chose
Fourrer ton nez	Interférer dans les affaires privées de quelqu'un
Tripoter	Attouchements non consentis à caractère sexuel
Sous perfusion (f.)	Sous traitement médical à l'aide d'un goutte-à-goutte
(Être) enceinte	En état de grossesse (f.)
Je me fâche	Je me mets en colère
Héritier	Personne qui est la bénéficiaire d'une succession
Il t'a arrosé	Il t'a donné beaucoup d'argent
Ce connard	Cet idiot
Sa poule	Sa petite amie
Salaud	Insulte pour quelqu'un de méprisable
Moudawana	Code de la famille au Maroc

Voici des extraits du script où quelques-uns de ces mots sont présents. Quelles réflexions vous inspirent ces échanges ? A vous maintenant de faire des phrases avec ces mots et expressions et comparez vos phrases avec celles de vos camarades.

a. Au dîner, Nana dit à l'oncle de ne pas donner de couscous au petit Noah avec les mains : « Laisse le **gosse** tranquille ! Il est Américain. Il n'a pas l'habitude de manger comme ça ! »

b. Sofia rappelle à sa sœur son côté rebelle quand elle était adolescente : « Au lycée tu étais la première à **faire grève**. »

c. Après le dîner, Kenza rejoint Miriam dans le jardin et exprime sa frustration vis-à-vis de la curiosité malsaine de la famille : « De quoi **ils se mêlent** ? »

d. Miriam demande à sa sœur Kenza : « Tu trouves que **j'ai l'air coincée** ? »

Pendant Le Film

 ### Exercice 4. Vrai ou faux ?

Indiquez si les affirmations sont vraies ou fausses.

1. Le mari de Miriam travaille dans l'usine de son beau-père.	V	F
2. Kenza ne veut pas fumer devant le portrait de son père défunt.	V	F
3. Jason, le mari de Sofia réalise des documentaires sur le terrorisme.	V	F
4. Pour la grand-mère, la condition des femmes au Maroc a bien changé.	V	F
5. Le fils de Kenza a envie de devenir un jour chanteur à Paris.	V	F
6. Les femmes n'ont pas le droit d'assister à l'enterrement.	V	F
7. Le père préférait que ses filles épousent des Marocains, même sans amour.	V	F
8. Kenza a fait plaisir à son père en devenant enseignante.	V	F
9. Durant leur enfance, les filles avaient le droit de rentrer dans le garage.	V	F
10. Zakaria a étudié la médecine.	V	F
11. Pour Kenza, porter le voile est juste une mode vestimentaire.	V	F
12. Moulay Hassan a toujours estimé Jason.	V	F

 ### Exercice 5. Questions à choix multiples

Choisissez la bonne réponse d'après ce qui se passe dans le film.

1. Aicha dit à Yacout qu'elle doit partir après les funérailles. Pourquoi ?
   a. Elle dit qu'elle n'a plus besoin d'elle dorénavant
   b. Elle n'a jamais apprécié sa présence dans la maison, car c'était le choix de Moulay Hassan
   c. Elle doit se séparer d'elle pour des raisons financières

2. Sofia lit une lettre devant le corps de son père défunt : de qui est cette lettre ?
   a. C'est une lettre écrite par Leïla
   b. C'est une lettre que Sofia a écrite pour Moulay Hassan
   c. C'est une lettre qu'elle a reçue de son père.

3. Pour le fils de Kenza, une profession ne le fait pas rêver. Laquelle ?
   a. Une carrière de professeur
   b. Une carrière à l'usine de son oncle
   c. Une carrière de médecin
4. Le chirurgien demande à Miriam si elle ne souffre pas trop. A quoi fait-il référence ?
   a. A la douleur du deuil de son père
   b. Aux douleurs liées à son opération de chirurgie esthétique
   c. A une raison personnelle et sentimentale qui est entre eux deux
5. Pourquoi Aïcha n'a pas eu le courage de quitter son mari quand elle a su qu'il l'avait trahie avec Yacout ?
   a. Elle ne s'oppose pas à la polygamie
   b. Elle ne voulait pas perdre Yacout
   c. Elle pensait préserver ainsi la famille
6. Pourquoi les sœurs qui savaient que Leïla était enceinte de Zakaria n'ont rien dit à Sofia ?
   a. Elles ne communiquaient que très peu avec elle
   b. Elles avaient honte et ne voulaient pas que le secret se répande dans la ville de Tanger
   c. Elles pensaient que Sofia était trop jeune pour comprendre
7. Jason, le mari de Sofia, est réalisateur de film. De quel genre ?
   a. Films d'action mettant souvent en scène des terroristes
   b. Films politiques
   c. Films d'horreur
8. Le plat préféré de Moulay Hassan était
   a. Le méchoui
   b. Le tajine marocain
   c. Le couscous
9. Quand Yacout est tombé enceinte de Zakaria, elle n'est pas allée voir sa famille pour de l'aide. Pourquoi ?
   a. Sa famille l'aurait reniée à jamais
   b. Elle aurait perdu son poste de travail dans la famille de Moulay Hassan
   c. Elle avait peur de salir sa réputation et celle de Moulay Hassan
10. Quelle raison a donné la mère de Leïla pour justifier son départ pour l'Angleterre ?
   a. Elle devait apprendre l'anglais pour devenir actrice
   b. Elle avait été acceptée à l'Académie royale d'art dramatique
   c. Elle avait un nouveau petit ami anglais qui habitait à Londres

 Exercice 6. Les personnages du film

Pour chacun des adjectifs (colonne verticale de gauche) choisissez, avec un ou une camarade de classe, lequel correspond le mieux à un des cinq personnages principaux en en donnant une justification avec un ou des exemples précis.

	Sofia	Miriam	Kenza	Nana	Aïcha
Tolérante					
Féministe					
Sympathique					
Frustrée					
Stressée					
Extravertie					
Drôle					
Intègre					
Sincère					
Sensible					
Vulnérable					

On Tourne !

 Exercice 7. Le bon ordre

Avec un ou une camarade de classe, écrivez et mettez les images en relation avec les dialogues qui correspondent. Pour chaque photo du film dans la première colonne, trouvez la phrase qui va avec, dans la troisième colonne. Notez dans la deuxième colonne quel personnage l'a dite dans le film. Pour ceci, essayez de vous rappeler dans quelle circonstance, à quel moment, pourquoi, etc.

1.		a. Regarde autour de toi, c'est tous des frustrés, tous des obsédés!
2.		b. Se marier avec des étrangers ça donne des bâtards.
3.		c. Elle est allergique au papier, à chaque fois qu'elle lit elle se met à pleurer.
4.		d. Là-bas on parle pas avant d'avoir aligné trois millions de dollars sur la table.
5.		e. Même une fois c'est grave et c'est à lui d'avoir honte, pas vous!
6.		f. Vous voulez un scoop... C'est ça?
7.		g. Depuis quand le mariage est une histoire d'amour?
8.		h. Vous n'êtes que des monstres!
9.		i. Toi tu es le petit fils. Et avec ta boucle d'oreille, excuse-moi, mais on ne sait même pas qui tu es.
10.		j. Et puis la vie ne tourne pas qu'autour du sexe!

Après Le Visionnement Du Film

 Exercice 8. On discute

En groupes, répondez aux questions sur le film.

1. Le casting de ce long métrage est surtout composé de femmes. Décrivez la personnalité des trois sœurs: Kenza, Miriam et Sofia. En quoi est-ce que leurs rôles sont importants? Quel est votre personnage préféré? Pourquoi?
2. Décrivez la mère (et veuve) Aïcha et Yacout, la servante. Qu'ont-elles en commun et qu'est-ce qui les oppose?
3. Il y a deux personnages absents, décédés, mais qui sont très présents dans le film: le père, Moulay Hassan et sa fille, Leïla. Comment apparaissent-ils dans le film? Pourquoi leurs rôles sont-ils importants? Comment est-ce que leurs comportements dans la vie continuent d'avoir une influence après leur mort?
4. Le film se déroule au Maroc, à Tanger, dans une famille aisée issue de la bourgeoisie. Quelles sont les coutumes traditionnelles (pensez à l'héritage et au divorce) que vous avez observées? Et comment est-ce que certains personnages s'éloignent de la tradition?
5. Est-ce qu'il y a des secrets dans toutes les familles? Dans celle du film, les secrets sont révélés petit à petit. Lequel vous a le plus surpris? Pourquoi?
6. Malgré le deuil et la perte d'un membre cher, ce long métrage a des moments drôles. Lesquels? Comment est l'humour dans le film et quel est sa fonction?
7. Est-ce que tous les personnages sont bilingues arabe-français? Lesquels ne le sont pas? Pourquoi?
8. Après le départ de Leïla, est-ce que Zakaria (le fils de Yacout) refait sa vie? Que lui arrive-t-il? Quelle est sa profession? A-t-il réussi dans la vie? Pourquoi?
9. Quelle est la relation des trois sœurs avec leurs maris? Laquelle est la plus heureuse dans son mariage? Pourquoi?
10. Qu'est-ce qu'on reproche au mari de Sofia, Jason?
11. Pourquoi est-ce que les trois sœurs n'aiment pas beaucoup leur oncle, le frère de leur père? Que découvrent-elles sur lui?
12. Quels sont les rôles que Sofia joue au cinéma aux États-Unis? Pourquoi?
13. Pourquoi Noah (le fils de Sofia) est-il le seul à voir le spectre (ou l'apparition) de son grand-père?
14. Comment débute et comment se termine le film? Y a-t-il un symbolisme particulier à noter?
15. Vous avez aimé *Rock the Casbah*? Justifiez votre réponse.

 Exercice 9. On rédige

Traitez un ou plusieurs sujets au choix. N'oubliez pas de justifier vos arguments et vos opinions, et de donner des exemples.

1. Dans le film, l'esprit du grand-père se manifeste et ne disparaît jamais complètement. Croyez-vous aux esprits? A la réincarnation? Quelles sont vos croyances après la mort?

2. Y a-t-il des secrets dans votre famille ? Les avez-vous découverts ? Décrivez-les et dites s'ils ont eu un impact positif ou négatif.

3. Avez-vous des frères et des sœurs ? Vous ressemblez-vous, physiquement et de par votre personnalité ? Vous entendez-vous bien avec eux/elles malgré vos différences ? Quels points en commun avez-vous ?

4. Doit-on cacher une infidélité ou doit-on l'avouer ? Sauriez-vous pardonner si dans votre couple votre conjoint(e) vous est infidèle ? Elaborez votre réponse.

 Exercice 10. On réagit

Avec un ou une camarade de classe, écrivez vos réactions sur ces dialogues à double sens, ou humoristiques, ou, au contraire, tragiques du film. Pourquoi, à votre avis, sont-ils significatifs ? Quels commentaires et quels sentiments vous inspirent-ils ? Analysez-les et comparez vos analyses avec la classe.

1. Monologue au début du film (MOULAY HASSAN, le père mort) :
A Fez, quand j'étais petit, tous les samedis on allait au cinéma avec mon frère. Il y avait un homme qui racontait l'histoire du film avant que ça commence. On l'appelait l'annonceur. « N'ayez pas peur », nous disait-il, « le couple va s'embrasser deux fois, le héros va survivre. » A l'époque, il fallait ménager les émotions du public, plongé dans le noir. [...] Cette maison c'est la mienne, c'est mon paradis à moi. Bientôt, mon paradis perdu. Le vieux sur la table, le cadavre, c'est moi. Je suis mort hier d'une crise cardiaque. Mon cœur m'a lâché subitement, sans prévenir. Il a toujours été un peu fragile, mon cœur. Cette fois, il n'y a pas d'annonceur pour me préparer. La mort m'a frappé sans me donner le temps de solder mes comptes avec la vie. Mais heureusement, comme on dit chez nous, les morts gouvernent les vivants.

2. Sofia et sa mère viennent de se retrouver. Dialogue entre Aïcha et Sofia :
AÏCHA : Et Jason, pourquoi il n'est pas venu ?
SOFIA : Il est en tournage.
AÏCHA : C'est quand même l'enterrement de son beau-père. Il aurait pu faire un effort. C'est dingue ces étrangers, ils ont le sens de rien.
SOFIA : Mais arrête ! Tu mélanges tout. Papa n'a jamais voulu entendre parler de Jason.
AÏCHA : Tu étais sa préférée. Fais voir. C'est quoi ce vernis ?
SOFIA : Si j'étais sa préférée, il aurait pu venir me voir à New York, non ?
AÏCHA : Tiens, enlève-le [le vernis]. Et toi, tu aurais pu venir toi, non ?
SOFIA : J'attendais mes papiers.
AÏCHA : Toi et Leïla vous êtes pareilles. Je ne sais pas pourquoi, mais vous êtes sorties de travers.
SOFIA : Vous avez tout fait pour la remettre à l'endroit. A force, vous l'avez tuée.
AÏCHA : Ça va ! Ils se retrouveront là-haut, et ils régleront leurs comptes ensemble.
SOFIA : Non, ça te concerne aussi maman, parce qu'il est plus là pour te protéger.
AÏCHA : Aujourd'hui, c'est l'enterrement de ton père, et pas celui de ta sœur, donc, ça suffit !

3. Conversation à table :

SOFIA : (elle revient à table après avoir couché son fils, Noah) J'avais oublié! Ici tout le monde parle de la vie de tout le monde, sans que ça gêne personne! Mais, je suis là! Alors, qu'est-ce que vous voulez savoir? Vous voulez un scoop, c'est ça? Y'a plus de Jason. C'est terminé. On va se séparer. [...]

NANA : Je t'avais dit de pas te marier avec un juif!

SOFIA : Il est pas juif, Nana. Il est américain, d'origine irlandaise.

NANA : Il est américain, il est juif!

SOFIA : OK! Comme tu veux! Vert, noir, juif, on s'en fout!

MIRIAM : Mais t'es folle? Tu vas pas laisser un mec pareil te passer sous le nez? Il est beau, il est riche, il est célèbre! Qu'est-ce que tu veux de plus?

SOFIA : De la présence, de l'amour.

AÏCHA : Depuis quand le mariage est une histoire d'amour?

4. Conversation, à table, entre les trois sœurs et la mère :

SOFIA : Quoi? Comment ça, Zakaria? On n'a pas le droit d'épouser le fils de la bonne? Moi j'ai pas le droit d'épouser un étranger? Alors, qu'est-ce qu'on fait? On fait plaisir à papa. On épouse un bon Marocain de bonne famille qu'on aimera jamais.

AÏCHA : Zakaria et Leïla, c'était impossible.

SOFIA : Et s'ils s'aimaient?

MIRIAM : Toi et l'amour! On est pas au cinéma, ici! Heureusement que papa il était là pour ne pas laisser faire.

SOFIA : Il était tolérant pour les autres, mais pas pour les siens.

5. Dernier monologue du père (mort) :

MA MÈRE ME DISAIT : «Fais pas pleurer une femme parce que Dieu compte ses larmes». Vous allez tous me manquer.

 ## Exercice 11. On analyse

Voici quelques scènes importantes du film. En groupes de quatre à cinq, dites pourquoi ou en quoi ces scènes sont significatives. Discutez de l'humour, l'ironie, les jeux de mots, etc.

1. Scène où Sofia lit la lettre de Leïla à son père mort.
2. Scène où les trois filles sont sur les fauteuils du salon, la nuit, et ne peuvent pas dormir. La mère arrive. Elles voient l'oncle qui ronfle sur le sofa.
3. Scène avec Zakaria et Sofia qui vont en voiture décapotable chez Zakaria, puis dans un bar.
4. Scène presqu'à la fin du film, où la famille est avec l'avocat pour le testament. Zakaria est également présent.

 ## Exercice 12. A vous de tourner!

1. En groupes, cherchez la définition de *kasbah* ou *casbah*. Expliquez le titre du film.
2. Faites une présentation sur le Maroc : tourisme, société, industries, religion, économie, gastronomie, etc. Chaque groupe choisit une ville et la présente à la classe : Tanger, Casablanca, Agadir, Marrakech, Fez, Rabat, etc.

3. Faites des recherches pour savoir quelle est la condition de la femme au Maghreb : taux de scolarisation, participation politique, postes de travail, stéréotypes féminins. Visitez la page web du magazine féminin *Femmes du Maroc*, lisez un article dans la rubrique « société » or « actu », et faites-en le résumé à la classe : www.femmesdumaroc.com. Discutez du sujet de l'article que vous avez lu avec vos camarades, et dites si ce que vous avez lu vous a surpris ou pas.

4. La réalisatrice du film *Rock the Casbah*, Laïla Marrakchi, a aussi dirigé un premier film en 2005, *Marock*. Regardez la bande annonce et dite quel est le sujet de ce long métrage. Faites une recherche sur internet avec les mots clés *Marock* et *trailer* (vous pouvez aussi trouver le lien à la fin du chapitre). Pourquoi est-ce que le sujet peut porter à controverse ? Qu'en pensez-vous ?

Notes Grammaticales

 ### Exercice 13. La différence entre *Il est/Elle est/Ils sont/ Elles sont* et *C'est/Ce sont*

On utilise ces deux pronoms pour différentes raisons : pour décrire et pour identifier. Complétez les phrases suivantes venant du film avec l'un des pronoms et expliquez votre choix.

1. _____ ton frère ? Oui, _____ mon frère.
2. Et quoi, _____ quoi ? Mais _____ mon opération !
3. _____ un piercing ! _____ la mode !
4. _____ pas mal [le chirurgien de Miriam].
5. _____ bien tes seins !
6. _____ un chemin spirituel.
7. _____ mort [le père].
8. _____ belle ta broche, Nana.
9. _____ un peu comme ça [les sœurs].
10. _____ américain [Noah].

Exercice 14. Soyez logiques !

Complétez les phrases de façon logique, d'après ce qu'il se passe dans le film.

1. [Kenza] Elle est _____
2. [Le thé à la menthe que prépare Yacout] Il est _____
3. [Kenza, Miriam et Sofia] Ce sont _____.
4. [Kenza, Miriam et Sofia] Elles sont _____.

5. [L'enterrement du père] Il est _____.

6. [L'enterrement du père] C'est _____

7. [Les voitures du père] Elles sont _____.

8. [Les voitures du père] Ce sont _____

 Exercice 15. Explications

Expliquez le sens de chaque phrase et l'usage des pronoms *Il est/Elle est* et *C'est*.

a. Sofia, elle est actrice.

Sofia, c'est une bonne actrice.

b. Jason, il est aux États-Unis.

C'est Jason qui est aux États-Unis.

c. Jason, c'est un Américain.

Jason, il est américain.

d. Kenza dit à Nana : «C'est moi la plus triste.»

Kenza, elle est très triste.

e. La situation entre Zakaria et Leïla : elle est compliquée.

C'est compliqué d'expliquer la situation entre Zakaria et Leïla.

f. Sofia demande à Zakaria : «C'est comme ça que tu traites les femmes?»

Il est comme ça, Zakaria (triste, fâché, surpris, etc.)

Pas De Faux Pas!

  Exercice 16. Situations pratiques (et pragmatiques)

Comme vous avez observé (et entendu) dans le film, l'arabe alterne avec le français. Le Maroc est en effet un pays avec des traditions bien ancrées, mais qui a subi des influences françaises. C'est un pays francophone, fier de ses traditions musulmanes qu'il faut respecter. En groupes, déterminez si ces affirmations sur le Maroc sont vraies ou fausses.

1. Les Marocains ne boivent que du thé à la menthe et jamais de café.
2. Si on vous offre du thé, vous pouvez refuser poliment.
3. Au Maroc on parle aussi le berbère.
4. L'arabe standard et l'arabe dialectal sont la même chose.
5. Une offense au Maroc, c'est de ne pas finir son plat quand on est invité à manger.
6. Quand on mange et on boit, il faut se servir de la main gauche uniquement.
7. L'aliment le plus sacré c'est le pain.
8. Les souks sont des marchés où marchander (pour obtenir le meilleur prix) est commun et attendu.
9. Il faut se déchausser pour marcher sur des tapis et avant de rentrer dans une maison ou une mosquée.
10. Les Marocains observent le Ramadan.
11. Pendant le Ramadan, les musulmans mangent seulement après le coucher du soleil.

12. Les non musulmans peuvent visiter toutes les mosquées.
13. Le port du voile au Maroc est une décision individuelle et non obligatoire.

Les Liens Internet

Site web : www.femmesdumaroc.com
Marock, bande annonce : www.youtube.com/watch?v=isz4MKhxjTA

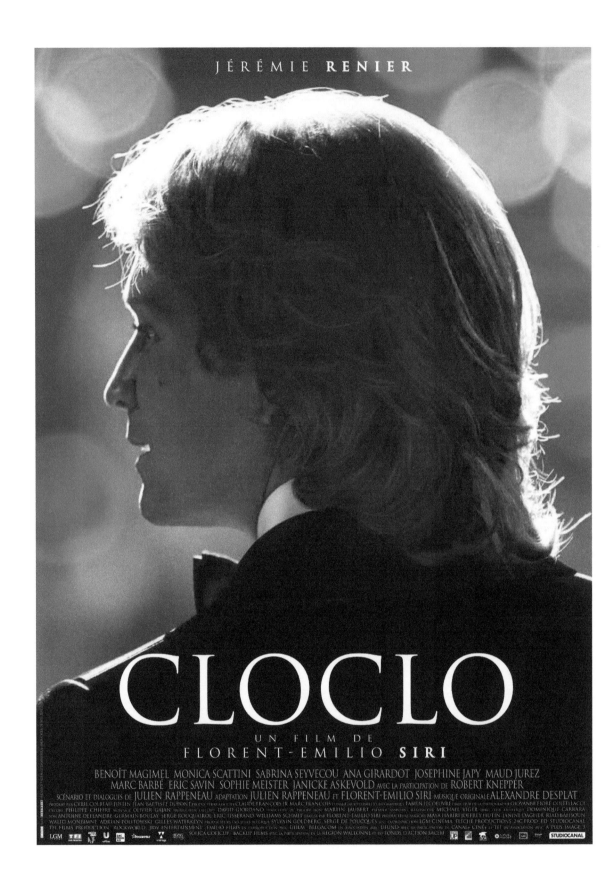

Chapitre 12

CLOCLO

 En regardant le poster du film, pourquoi pensez-vous que les auteurs ont choisi de montrer la star du film de dos? Quelle est votre interprétation?

Synopsis

Cloclo, réalisé en 2012 par Florent-Emilio Siri, est un biopic à l'américaine, un film dont la trame chronologique est à la fois attendue, n'évitant aucun cliché, mais qui révèle aussi des surprises au public: celles d'un homme à la fois immensément populaire et terriblement seul, bien que sans cesse entouré, cerné par les regards et attentions de ses admiratrices. La trame du film est une sorte de roman-photo de la vie de Claude François. Le petit Claude voit le jour en 1939 en Egypte. Il grandit dans ce pays car son père travaille au Canal de Suez (un canal encore sous contrôle de la France et de l'Angleterre à l'époque). En Juillet 1956, le président de l'Egypte, Nasser, décide de nationaliser cette partie du pays et une crise internationale s'ensuit. En conséquence, beaucoup d'étrangers fuient l'Egypte, dont la famille de Claude. Les voilà qui débarquent d'abord à Paris, puis ensuite à Monaco. Claude est très vite attiré par les arts et la musique et commence en jouant de la batterie dans des spectacles. Il devient ensuite chanteur en prenant des leçons particulières pour former sa voix. Claude est aussi un maniaque qui aime la perfection à l'excès: par exemple, il plie avec une infime précaution son pantalon et cire ses chaussures chaque jour. Pour lui chaque détail compte et il se fait même refaire le nez pour aider son look de jeune chanteur. Le succès arrive enfin en 1962, avec la chanson *Belles, Belles, Belles*. Sa passion de chanteur lui permet enfin de vivre et de faire vivre sa famille, mais son père, qui aurait voulu qu'il devienne comptable, désapprouve son choix. Claude souffre d'un père tyrannique et d'une mère soumise qui dépense tout son argent dans des dettes de jeu, même si celle-ci le soutient dans sa passion pour la musique. Claude a aussi des talents d'artiste, son charisme magnétique et sa compréhension moderne du star-system forcent l'admiration. Il sait tenir le public en haleine grâce à ses prouesses sur scène et à la télévision. Dans les années 1960, la variété française connaît un grand changement avec les débuts de l'émission de radio *Salut les Copains*, la vague du rock'n'roll puis du twist. En 1967, la chanson *Comme d'habitude* arrive aux Etats-Unis et devient, deux ans plus tard, *My Way* interprétée par Frank Sinatra. Claude est heureux que quelqu'un reprenne sa chanson et un jour, par chance, il aperçoit le chanteur américain dans un hôtel, mais n'ose pas lui adresser la parole pour le remercier. Claude est aussi un homme fasciné par l'Amérique. Durant un séjour à Londres, il assiste à un concert d'Otis Redding et voit que l'important est d'avoir un chanteur, mais aussi des gens qui dansent. Parallèlement à ses activités de chanteur, Claude François, éternel touche-à-tout, crée une agence de mannequins, *Girls Models,* et lance le magazine *Podium* qui devient rapidement la plus grosse publication pour les jeunes, dépassant même le célèbre *Salut les copains.* Il enchaîne les succès et devient le chanteur le plus populaire dans le cœur des Français. Le film trace sa fulgurante ascension jusqu'à la naissance du mythe de «Cloclo et ses Claudettes» (les fidèles danseuses devenues légendaires dans l'imaginaire collectif) dans les années 1970 où il finit par céder avec succès à la mode disco qui couronnera sa carrière en beauté.

Avant Le Visionnement Du Film

 ### Exercice 1. On se prépare

En groupes, répondez aux questions en préparation au film.

1. Qu'est ce qu'un chanteur populaire selon vous? Donnez votre définition en quelques phrases.
2. *Cloclo* est un film sur un chanteur, mais aussi sur son image de sex symbol. Qu'est-ce qu'un sex symbol selon vous? Connaissez-vous un/e sex symbol dans votre pays? Qui?
3. Le personnage de Claude François peut-il être comparé à une idole de la chanson dans votre pays? Qui?
4. *Cloclo*, le titre du film, est un diminutif. De quel prénom? Pourquoi ce titre? Quand est-ce qu'on utilise des diminutifs?
5. Le film commence en Egypte en 1939. La famille de Claude François doit partir et s'installer en France. Pourquoi croyez-vous qu'ils aient été obligés de partir? (Pensez aux colonies).

 ### Exercice 2. Les acteurs et les personnages

Regardez le casting et dites si vous connaissez un/une des acteurs/actrices. Si oui, dites dans quel film vous l'avez vu(e) ou pourquoi vous le/la connaissez.

Jérémie Renier	Claude François
Benoît Magimel	Paul Lederman (le producteur et ami)
Monica Scattini	Chouffa François (la mère)
Sabrina Seyvecou	Josette François (la sœur)
Ana Girardot	Isabelle Forêt (sa seconde épouse)
Joséphine Japy	France Gall (sa petite amie)
Marc Barbé	Aimé François (son père)

 **Exercice 3. Le lexique**

Lisez le lexique avant de faire des phrases avec les mots en caractères gras à la fin de la liste.

Saltimbanque	Un/e artiste (souvent en tournée)
J'ai la baraka	J'ai de la chance (mot d'origine arabe)
Ton beauf	Ton beau-frère
Bouder	Faire la tête, ne pas parler et ne pas être content
Une vedette	Célébrité (toujours au féminin comme une star)
Arrête ton numéro	Arrête de jouer la comédie
Mettre les bouchées doubles	Accélérer la cadence
Il carbure à quoi ?	Terme mécanique (avoir de l'énergie)
Changer de crèmerie	Changer d'attitude
J'ai les chocottes (f.)	Avoir peur
Rester un cœur à prendre	Être disponible sentimentalement
Être vigilant	Faire attention
Bouche cousue	Garder un secret
Gueule (f.) de taré (vulgaire)	Avoir une tête de fou
T'es viré	Tu es licencié (perdre son emploi)
Les pompes (f.)	Les chaussures
Le pognon	L'argent
Ça t'émoustille ?	Ça t'excite ?
Ringard/e	Démodé/e, vieillot/te
Mon dernier tube	Mon dernier succès (chanson)
Boucler la tournée	Finir la tournée
Le pinard	Le vin
Ardoise (f.)	Une addition (une dette)
Taper du pognon	Voler de l'argent
Vous vous foutez de moi ?	Vous vous moquez de moi ?
Mater	Regarder
Glander	Être oisif, ne rien avoir à faire
Pédé (vulgaire)	Homosexuel
Un canon	Une jolie fille
T'en as jamais marre ?	Tu en as jamais assez ?
Bosser	Travailler
Les gonzesses (f.)	Les filles
Faut que je file	Je dois partir vite
Je suis débordé	Je suis très occupé
Chanteur à minettes (f.)	Chanteur pour un public féminin jeune
Intello de gauche	Intellectuel de gauche (en politique)
Faire un tabac	Avoir du succès
Rater sa vie	Ne pas réussir dans la vie
Laisser tomber	Abandonner

Voici des extraits du script où quelques-uns de ces mots sont présents. Quelles réflexions vous inspirent ces échanges? Comparez-les avec celles de vos camarades. Ensuite, faites des phrases avec les mots en caractère gras.

a. Claude François demande à Paul après un de ses concerts: «Tu crois que je suis devenu **ringard**?»
b. Paul Lederman, le manager du chanteur un jour lui dit: «C'est maintenant que le plus difficile commence. Parce que si on **n'est pas vigilant**, dans six mois tout peut s'arrêter.»
c. Dès le début de sa carrière Claude affirme: «Si dans dix ans je ne suis pas Sami David Jr., **j'aurai raté ma vie**.»
d. Claude François dit à son père: «Je sais, la France t'a **laissé tomber**.»
e. Claude François dit à un de ses domestiques: «Pour France Gall et moi, **bouche cousue**!»

Pendant Le Film

 ### Exercice 4. Vrai ou faux?

Indiquez si les affirmations sont vraies ou fausses.

1.	En Egypte, le petit Claude a peur de son père.	V	F
2.	Une fois arrivé en France, le père de Claude trouve un emploi pour son fils.	V	F
3.	La sœur, Josette, n'ose pas dire à son père qu'elle va divorcer.	V	F
4.	Claude enferme Janet à la maison par jalousie.	V	F
5.	Claude apporte toujours des chocolats quand il a un rendez-vous d'affaire.	V	F
6.	Isabelle (la femme de Claude) rencontre le chanteur pour la première fois à un concert.	V	F
7.	Claude enregistre des messages tous les jours car il perd la mémoire.	V	F
8.	Pour fêter ses quarante ans, Claude annonce qu'il va emmener la famille en voyage en Italie.	V	F
9.	La mère de Claude aime jouer au casino.	V	F
10.	A la suite du contrôle fiscal, le chanteur risque 10 ans de prison.	V	F
11.	Claude chante la chanson *Je suis le mal aimé* parce que sa femme l'a quitté.	V	F
12.	La dernière femme qui est avec le chanteur avant de mourir est française.	V	F

 ### Exercice 5. Questions à choix multiples

Choisissez la bonne réponse d'après ce qui se passe le film.

1. Chouffa, la mère de Claude François n'est pas française. Elle est d'origine
   a. Italienne
   b. Egyptienne
   c. Espagnole
2. Claude rencontre Janet pour la première fois
   a. Dans un restaurant
   b. A la suite d'un spectacle, en coulisse
   c. Lors d'une soirée

3. Pourquoi Claude décide-t-il de quitter France Gall?
   a. Il rencontre une autre femme
   b. Il ne veut pas qu'elle soit chanteuse comme lui et il est jaloux
   c. Il n'est plus amoureux d'elle
4. Pourquoi Janet décide-t-elle de le quitter?
   a. Claude est insupportable, car très jaloux
   b. Il est toujours en voyage
   c. Il est brutal avec elle
5. Claude décide de se faire refaire le nez: pour quelle raison?
   a. C'est un «investissement» qui, selon lui, va aider son look et sa carrière
   b. Pour plaire à Janet
   c. A la suite d'une bagarre
6. Chouffa la mère de Claude demande une faveur à Paul Lederman, le manager de Claude. Elle lui demande.
   a. De surveiller son fils
   b. De l'aider avec ses dettes de jeu
   c. De mieux gérer les finances de son fils
7. Quelle est la réputation du chanteur dans son entourage?
   a. Celle d'un radin
   b. D'être généreux
   c. D'être arriviste et intéressé uniquement par le profit
8. Les deux enfants de Claude (Coco et Marc) ne doivent pas être vus ensemble car
   a. Claude François ne veut pas que le public connaisse l'existence de son second enfant
   b. Son fils Marc a une santé très précaire
   c. Il a peur de l'image de père de famille
9. Comment Claude François vient-il à la découverte de la musique disco?
   a. Après un voyage à Londres
   b. A la suite d'une conversation avec un DJ italien lors d'une fête chez lui
   c. En écoutant des disques de Donna Summer que Paul lui a donnés

 Exercice 6. Le thème de la gloire et du succès

Avec un ou une partenaire, répondez aux questions suivantes sur la gloire et le succès.

1. Est-il important d'avoir du succès dans sa carrière professionnelle pour réussir sa vie?
2. Quelles sont les différences fondamentales entre la gloire et le succès?
3. Comment comprenez-vous l'expression «la rançon de la gloire»?
4. Comment cette expression peut-elle s'appliquer à l'histoire de *Cloclo*? Appuyez-vous sur des exemples ou des scènes précis(es).
5. D'où vient le charisme de Claude François? Pourquoi était-il si populaire parmi les Français?
6. Trouvez des mots (des adjectifs ou des expressions) qui vont bien avec gloire et succès. Après, comparez-les.

Exercice 7. Le bon ordre

Avec un ou une camarade de classe, écrivez et mettez les images en relation avec les dialogues qui correspondent. Pour chaque photo du film dans la première colonne, trouvez la phrase qui va avec, dans la troisième colonne. Notez dans la deuxième colonne quel personnage l'a dite dans le film. Pour ceci, essayez de vous rappeler dans quelle circonstance, à quel moment, pourquoi, etc.

1.		a. Si les gens me voit glander dans la rue... il est où le rêve?
2.		b. Il faut que tu arrêtes d'avoir peur pour ta carrière, ça te rend malade.
3.		c. Oh non, ne viens pas s'il te plaît. J'aime pas ça la scène, j'ai tellement peur.
4.		d. Tu les fais monter un par un.
5.		e. C'est mieux comme ça, de toute façon ça ne pouvait pas rester caché plus longtemps.
6.		f. Qu'est-ce que vous voulez entendre?
7.		g. S'il te plaît, tu peux laisser les clefs cette fois?
8.		h. Si tu changes rien, dans six mois tu es un chanteur démodé, terminé, fini.

9.		i.	Oui je suis retournée au casino pour tromper le désespoir.
10.		j.	Dès demain tu quittes la maison.

Après Le Visionnement Du Film

Exercice 8. On discute

En groupes, répondez aux questions sur le film.

1. Quelle est la relation de Claude avec ses parents? Avec son père? Et sa mère? Est-ce une relation typique pour l'époque? Pourquoi?
2. Quelle est la relation de Claude avec ses fans? Comment sont les fans avec lui? Est-ce typique? Pourquoi?
3. Quelle est la relation du chanteur avec sa femme, Isabelle? Et avec ses enfants? Pourquoi est-ce que sa femme le quitte? Comment est leur relation après le divorce. Est-ce typique?
4. Dans une de ses chansons, Claude François chante: «Il faut savoir souffrir pour être heureux.» Expliquez cette phrase.
5. Expliquez le rôle et l'importance des *Claudettes* (les femmes qui dansent et chantent avec Cloclo). De qui lui vient l'idée d'avoir des *Claudettes* et de les mettre sur scène?
6. Discutez de l'influence qu'a Claude François sur Frank Sinatra et de l'influence américaine (*Motown*) sur le chanteur. Pourquoi est-ce si important que Sinatra chante une chanson (*My way*) de Claude François?
7. Dans sa chanson *Je suis le mal aimé*, Cloclo chante qu'il a besoin qu'on l'aime. Pourquoi est-il si difficile pour les stars de se sentir aimées?
8. L'Olympia à Paris est, pour un artiste, l'équivalent de Broadway aux États-Unis. Le rêve de tout chanteur est de chanter à l'Olympia et consacrer ainsi sa carrière. Est-ce semblable aux États-Unis avec Broadway? Comment découvre-t-on des talents? (Pensez au pouvoir de la téléréalité).
9. Cherchez *Nouvelle Star* sur internet et dites s'il y a une émission semblable à la télévision américaine. Pourquoi est-ce que des émissions où l'on découvre des stars ont autant de succès? Les regardez-vous? Pourquoi? Pourquoi pas?
10. France Gall (la jeune chanteuse qui sort avec Claude François) est très contente parce qu'elle a gagné le concours de l'*Eurovision*. Cherchez le mot *Eurovision* sur internet et expliquez en quoi consiste ce concours. Est-ce qu'il y a un concours similaire aux États-Unis?
11. Expliquez l'importance de l'eau dans le film (pensez aux premières images de la mer en Egypte et la dernière image du film).

12. La jalousie est un sentiment négatif qui souvent naît d'insécurités. Cloclo est-il très jaloux ? Pourquoi ? Quelles sont ses insécurités ? Donnez des exemples où il est jaloux dans le film, et d'autres où il n'est pas sûr de lui.

13. Comment est représentée la mort de Claude François ? Expliquez les sentiments que vous avez ressentis après avoir vu la scène de la douche et l'électrocution du chanteur.

14. Cherchez la définition du mot mythe. Est-ce que Cloclo est devenu un mythe ? Pourquoi ? Est-ce qu'il y a des célébrités qui sont devenues des mythes dans votre pays ? Qui ? Pourquoi ?

 Exercice 9. On rédige

Traitez un ou plusieurs sujets au choix. N'oubliez pas de justifier vos arguments et vos opinions, et de donner des exemples.

1. Un grand nombre de Français de la génération de Claude François se souviennent où ils étaient quand leur idole est morte. Pourquoi est-ce que nous nous rappelons exactement où nous étions et ce que nous faisions quand une célébrité ou un personnage public décède ? Est-ce votre cas ? Quel a été le décès d'une célébrité ou d'un personnage public qui vous a le plus marqué ? Pourquoi ? Décrivez vos actions et vos sentiments.

2. Est-ce que vous aimeriez être une vedette ? Dans quel domaine : la chanson, le spectacle, la politique, la littérature, etc. ? Pourquoi ? Qu'est-ce que vous attire dans la gloire ? N'auriez-vous pas peur de perdre votre vie privée ou votre anonymat ?

3. Le film se termine avec la mort inattendue et soudaine de Claude François. Et s'il n'était pas mort si jeune ? Écrivez une fin différente au film et imaginez la vie future de Cloclo.

4. Expliquez ce commentaire de Lady Gaga paru à propos de son documentaire sur Netflix, *Five Foot Two* : « La gloire est solitude, elle t'isole, et... change la manière dont les gens te perçoivent .» Qu'est-ce qu'elle veut dire ? Est-ce qu'on pourrait l'appliquer à Claude François ? Pourquoi ?

 Exercice 10. On réagit

Avec un ou une camarade de classe, écrivez vos réactions sur ces dialogues à double sens, ou humoristiques, ou, au contraire, tragiques du film. Pourquoi, à votre avis, sont-ils significatifs ? Quels commentaires et quels sentiments vous inspirent-ils ? Analysez-les et comparez vos analyses avec la classe.

1. Au début du film, en Egypte, le père parlant à la mère qui joue aux cartes avec des amies, lui fait ce commentaire : Ma femme me trompe avec le roi de cœur !

2. CLOCLO À SA MÈRE : Je suis petit, j'ai les jambes arquées et j'ai une voix de canard.

3. CLOCLO quand il voit Frank Sinatra et qu'il ne va pas le saluer : Qu'est-ce que tu veux qu'un petit Français comme moi aille lui dire ?

4. JANET À CLOCLO qui part avec son groupe : Tu vas rentrer tard ce soir ?
   CLOCLO : Je ne sais pas.
   JANET : Chéri, s'il te plaît, tu peux laisser les clés cette fois ?

5. CLOCLO À PAUL (après un concert) : Tu as trouvé ça comment ce soir ?

   PAUL : Tu veux vraiment le savoir ? Je trouve que tu te répètes, la routine, ça ronronne...
   Tu sais que tu penses comme moi.

   CLOCLO : Pas ce soir, Paul, j'ai envie de savourer.

   PAUL : Excuse-moi, désolé, je n'avais pas compris. Je savais pas que tu jouais aux touristes.
   Moi je croyais que tu étais là pour durer.

6. CLOCLO au fantôme de son père après avoir reçu le disque de Sinatra :

   Tu reconnais ? C'est Sinatra, c'est Frank Sinatra, papa. Il chante ma chanson. Sinatra, bon
   sang. (Sourires)

7. Discussion entre Claude et sa femme Isabelle (à propos de Marc, leur deuxième enfant) :

   CLOCLO : Tu sais très bien que j'essaie de le protéger cet enfant. Je ne veux pas faire les
   mêmes erreurs que j'ai fait avec Coco. Je ne veux pas le médiatiser.

   ISABELLE : C'est pour lui que tu fais ça ? Ou c'est pour ton image de sex symbol ?

   CLOCLO : Pardon ?

   ISABELLE : Un enfant c'est un accident, deux enfants c'est une famille, c'est ça ?

   CLOCLO : Arrête !

   ISABELLE : Tu as trop peur pour ta carrière, ça va te rendre malade.

 Exercice 11. On analyse

En groupes de quatre à cinq, dites pourquoi ou en quoi ces scènes sont significatives. Discutez de
l'humour, l'ironie, les jeux de mots, etc.

1. En Egypte, scène où le père rentre du travail, monte dans la chambre où sont les enfants
   (Cloclo petit et sa sœur), trouve un jouet par terre et le jette par la fenêtre.

2. Scène où la mère et la sœur de Claude expliquent à Janet qu'il a mauvais caractère parce
   qu'il a eu un accident quand il était petit.

3. Scène où France Gall frappe à la porte de Claude après avoir gagné à l'Eurovision et il
   l'ignore. Elle s'endort épuisée devant la porte de Claude.

4. Scène où Claude chante *Le mal aimé* et nous voyons sa femme Isabelle au Moulin partir
   avec les deux enfants, sans les cacher.

5. Scène de la douche, à la fin du film et juste après, celle du téléphone au Moulin. La femme
   de ménage répond et ment à la mère de Claude qui demande qui appelle.

6. Scène de la sœur qui annonce à la mère l'accident de Claude, la réaction des fans et
   l'enterrement.

 Exercice 12. A vous de tourner !

En groupes, faites les activités suivantes.

1. Trouvez sur internet (YouTube, Pandora, Spotify, etc.) des chansons de Claude François,
   choisissez celle que vous préférez, et faites-la écouter à la classe en expliquant le sens des paroles.

2. Trouvez des articles récents sur Claude François, sa musique, ses fils, son accident,
   et commentez-les avec la classe.

3. Trouvez des critiques positives et négatives sur le film et discutez-en en classe.

4. Trouvez des photos de Claude François, France Gall et la femme de Claude (Isabelle), puis comparez-les avec les acteurs qui jouent leurs rôles dans le film (Jérémie Renier, Joséphine Japy, Ana Girardot). Est-ce que les acteurs leur ressemblent ? Est-ce un bon casting ?

5. En Egypte, de la moitié du XIXᵉ siècle jusqu'aux années 1950, la bourgeoisie et certaines minorités (comme les Libanais) parlaient le français. Le monde littéraire avait aussi de nombreux écrivains qui écrivaient en français. En petits groupes, faites un travail de recherche pour comprendre pourquoi est-ce que la francophonie n'est plus vraiment présente en Egypte. Comme point de départ, vous pouvez commencer par cet article. Faites une recherche sur internet avec les mots clés *francophonie*, *Égypte* et *lorientlitteraire.com* (vous pouvez aussi trouver le lien à la fin du chapitre).

Notes Grammaticales

 ## Exercice 13. Le futur et le conditionnel présent

Dans le film, ces deux temps verbaux sont utilisés assez fréquemment car il y a des scènes et des situations qui se projettent vers le futur et d'autres qui restent hypothétiques. Comparez ces phrases et dites laquelle est conjuguée au futur et laquelle au conditionnel. Expliquez leurs usages :

- Claude à ses fils : « Tu **feras** Coco et Coco **fera** Marc. »
- Paul à Chouffa : « Je **pourrais** peut-être vous aider. Vous **auriez** besoin de combien ? »
- Isabelle à Claude : « **J'aimerais** que tu arrêtes de cacher la présence de Marc. »
- Claude à Chouffa (en parlant de France Gall) : « Elle ne **reviendra** plus jamais. »

 ## Exercice 14. Comme d'habitude

Conjuguez les paroles d'un extrait de la chanson *Comme d'habitude* au futur :

1. Moi je _____ (revenir) comme d'habitude

2. Tout seul j'_____ (aller) me coucher

3. Comme d'habitude, je t'_____ (attendre)

4. Comme d'habitude tu te _____ (coucher)

5. Comme d'habitude, on s'_____ (embrasser)

6. Comme d'habitude, on _____ (faire) semblant

 ## Exercice 15. Le futur de Cloclo

Maintenant faites des projections (au futur) sur la vie de Claude François. Par exemple, Cloclo **aura** deux enfants. Écrivez au moins cinq projections.

Ensuite, comme vous connaissez la fin de la vie de Claude François, faites des phrases au **conditionnel passé** pour exprimer un conseil ou un regret. Par exemple, Cloclo **aurait dû** s'occuper plus de ses fils et de sa femme. Écrivez au moins cinq phrases.
Comparez vos phrases avec celles de vos camarades.

 ## Exercice 16. Les conditions et les hypothèses

Avec le futur et le conditionnel on peut exprimer des conditions ou des hypothèses avec «si». Regardez ces phrases extraites du film et expliquez leurs sens et leurs usages ; pourquoi une est-elle conjuguée au futur antérieur et l'autre au conditionnel présent ?

* Cloclo : «Si dans dix ans je ne suis pas Sammy David Jr., **j'aurai** raté ma vie.»
* Cloclo (à un de ses collaborateurs) : «Si un jour ça allait mal, tu **resterais** avec moi ?»

 ## Exercice 17. Soyez logiques !

Complétez ces conditions ou hypothèses sur le chanteur soit au futur, ou au conditionnel présent.

a. Si le chanteur ne refait pas son nez, il...
b. Si Claude n'était pas jaloux, il...
c. Si Claude est ringard avec ses chansons et il ne se renouvelle pas, il...
d. Si Cloclo ne n'avait pas eu les pieds dans l'eau quand il a touché l'ampoule, il...

Pas De Faux Pas !

  ## Exercice 18. Les expressions idiomatiques

Dans toutes les langues nous avons des expressions idiomatiques, c'est-à-dire des expressions que nous ne pouvons pas traduire littéralement parce qu'elles n'ont aucun sens ! Il faut connaître leur sens et leur usage. Voici quelques expressions idiomatiques qui ont été utilisées dans le film. En groupes, pouvez-vous deviner leur sens ? Ensuite, comparez vos réponses avec la classe.

1. Bouche cousue → «Pour France Gall et moi, bouche cousue !»
2. Rester à ma portée → Claude à un jeune homme qui va travailler pour lui : «Tu devras toujours rester à ma portée.»
3. Ça va s'arranger → La mère dit à son fils qui ne trouve pas de travail : «Ça va s'arranger, tu verras.»
4. Allumer quelqu'un → Claude à Janet : «Tu cherches quoi ? A allumer tout le monde ?»
5. Laisser tomber → France Gall à Claude : «Laisse tomber les filles.»

Exercice 19. Qu'est-ce que ça veut dire?

En groupes, regardez ces phrases utilisant ces mêmes mots mais d'une autre façon. Que veulent-ils dire? Trouvez les traductions en anglais des mots et dites ce que veulent dire ces phrases:

1. Je vais **coudre** un pantalon →   a. switch on
2. Ouvrez la **bouche** et dites « aaah » ! →   b. mouth
3. Les lapins ont de nombreuses **portées** →   c. stay
4. Je **reste** chez moi pendant les vacances →   d. fall
5. Le mécanicien **arrange** le moteur de la voiture →   e. litter
6. Tu **allumes** la lumière, s'il te plaît? On n'y voit rien! →   f. sow
7. **Laisse** ton portable sur la table et parle-moi! →   g. fix
8. Le petit garçon est **tombé** du tricycle →   h. leave

Il y a une grande différence, n'est-ce pas? Alors attention quand vous utiliserez ces mots et expressions!

Les Liens Internet

Article : www.lorientlitteraire.com/article_details.php?cid=31&nid=3035

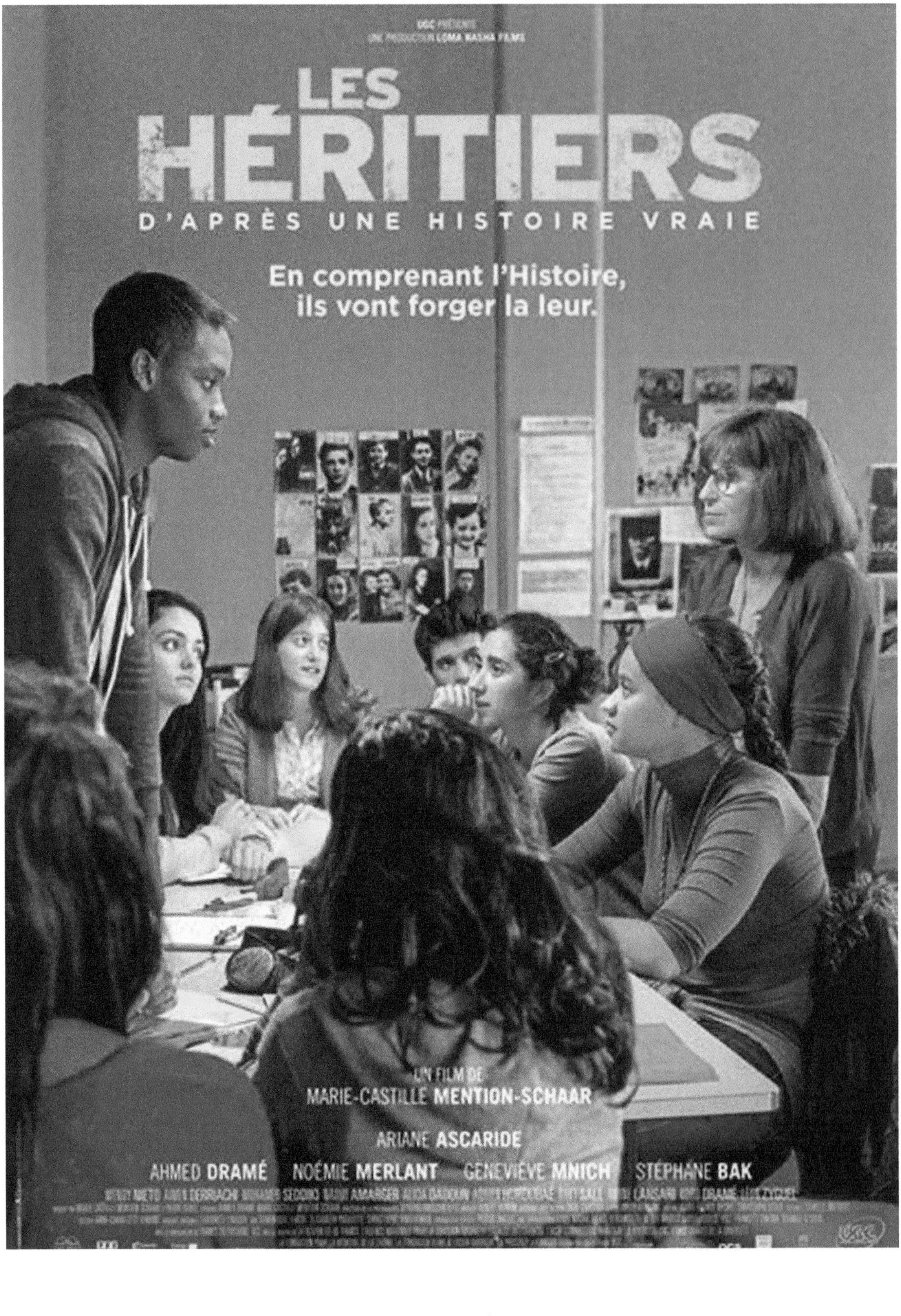
LES
HÉRITIERS
D'APRÈS UNE HISTOIRE VRAIE
En comprenant l'Histoire,
ils vont forger la leur.
UN FILM DE
MARIE-CASTILLE MENTION-SCHAAR
ARIANE ASCARIDE
AHMED DRAMÉ
NOÉMIE MERLANT
GENEVIÈVE MNICH
STÉPHANE BAK

Chapitre 13

LES HÉRITIERS

 L'affiche montre un des grands thèmes du film. Lequel ? Pouvez-vous en devinez d'autres d'après cette photo ?

Synopsis

L'histoire nous ouvre les portes d'un lycée de Créteil, près de Paris. Anne Gueguen, une professeure d'histoire-géographie, tente de trouver un moyen de motiver ses élèves. Elle sait se faire respecter par les étudiants malgré leur insolence. Elle incarne la vocation d'un enseignement républicain (*public school*), dont le but est de former des esprits libres et critiques. Face à des lycéens particulièrement agités qui n'acceptent aucune règle, elle leur suggère de concourir à une compétition nationale d'histoire, celle de la Résistance et de la Déportation. Cette année, le concours a pour thème : « Les enfants et les adolescents dans le système concentrationnaire nazi. » D'abord méfiants, voire défiants, les lycéens accueillent l'idée avec réserve, mais acceptent quand même de relever le défi à travers un travail collectif autour d'un projet commun.
Le scepticisme de ses collègues quant à cette aventure sans espoir, ne va pas décourager la professeure pour autant. Le défi est de taille, car la classe de seconde est connue pour être une classe difficile avec de fortes têtes et des lycéens turbulents avec un niveau scolaire très faible. Mais grâce à la persévérance de cette enseignante comme celle d'Yvette, une documentaliste de la bibliothèque, le projet commence à voir le jour et le groupe va se métamorphoser. Cette jeunesse métissée, loin de la réalité de la Seconde Guerre mondiale et confrontée à l'échec scolaire de façon presque permanente, va s'ouvrir peu à peu au désir d'apprendre, de lire et de découvrir une confiance en elle, jusqu'à ce jour ignorée. L'émotion est à son comble lors de la visite du Mémorial de la Shoah, à Paris, suivie de la présentation de Léon Zyguel, survivant d'Auschwitz, qui est invité en classe à partager son témoignage face aux élèves bouleversés. Cette expérience va changer leur vie. Le groupe d'étudiants, culturellement mixtes, dont certains musulmans et juifs, apprend progressivement à maîtriser les préjugés, se regroupant au nom de la tolérance et du souvenir. C'est l'histoire vraie de l'un des personnages, Ahmed Dramé, qui joue son propre rôle dans le film et qui a écrit un roman, *Nous sommes tous des exceptions*, dont le scénario est tiré. Le film lui vaut une nomination pour le César du meilleur espoir masculin 2015.

Exercice 1. On se prépare

En groupes, répondez aux questions en préparation au film.

1. Quels sont les images qui évoquent pour vous les années passées au lycée ?
2. Dans votre lycée, les élèves ont-ils des signes religieux ? De quelles religions ?
3. Que veut dire pour vous la laïcité dans la société ? Et à l'école ?
4. Votre pays est-il une société laïque ?
5. Avez-vous étudié la Shoah et/ou l'Holocauste dans vos classes d'histoire ? Pouvez-vous les expliquer ?
6. Quelles sont les nationalités des élèves de votre lycée ? Existe-t-il des conflits entre les élèves dûs à des différences de nationalité, de religion ou de culture ?

 ## Exercice 2. Les acteurs et les personnages

Regardez le casting et dites si vous connaissez un/une des acteurs/actrices. Si oui, dites dans quel film vous l'avez vu(e) ou pourquoi vous le/la connaissez.

Ariane Ascaride	Anne Gueguen, professeure
Ahmed Dramé	Malik
Noémie Merlant	Mélanie
Geneviève Mnich	Yvette Thomas, documentaliste
Stéphane Bak	Max
Amine Lansari	Rudy
Wendy Nieto	Jamila
Aïmen Derriachi	Saïd
Mohamed Seddiki	Olivier (Brahim)
Naomi Amarger	Julie
Alicia Dadoun	Camélia
Adrien Hurdubae	Théo
Léon Zyguel	Lui-même

 ## Exercice 3. Le lexique

Lisez le lexique avant de faire des phrases avec les mots en caractères gras à la fin de la liste.

Le bac (baccalauréat)	Un examen à la fin de la scolarité qui permet l'entrée à l'université
Un concours	Une compétition
La crânerie	Acte de courage de façon exagérée
La laïcité	La neutralité de l'État à l'égard des religions
Faire du chantage (m.)	Forcer quelqu'un à faire quelque chose par extorsion

Casse-toi	Va-t'en
La casquette	La casquette de baseball (différent d'un chapeau)
Un bourge	Un bourgeois, un riche
Écouteurs (m.)	Un casque audio pour écouter de la musique
Le mec	Le garçon, l'homme
Le collège	École avant le lycée (quatre ans en France)
Avoir la moyenne	Avoir une note qui permet de passer dans la classe supérieure
Sécher les cours (m.)	Ne pas aller en cours par choix
Le périf	Le périphérique (autoroute autour de Paris)
La cantine	Le restaurant à l'école
Vous en avez rien à foutre (vulgaire)	Vous vous en moquez
On t'a pas sonné	On ne te parle pas
Le chômage	Ne pas trouver d'emploi (m.)
Un deuil	Une période après la mort d'un être proche
Cachotier/cachotière	Quelqu'un qui garde des secrets
Un carnet de liaison	Un carnet d'étudiant où les professeurs écrivent les punitions et communiquent avec les parents
Je vais pas me prendre la tête	Je ne vais pas me compliquer la vie
Se planter	Se tromper
C'est chaud	C'est compliqué
Le Pôle emploi	Une agence nationale pour l'emploi
Une BD	Une bande dessinée
La classe de seconde	La première année du lycée en France
Ça déchire	C'est super bien
Une pédale (vulgaire)	Terme péjoratif pour une personne gay (masculin)
Ferme-la (vulgaire)	Tais-toi
Je t'ai cramé	Je t'ai vu et j'ai compris tes intentions
T'as essayé de la pécho	Tu as essayé de la séduire et de sortir avec elle
Un enfoiré (vulgaire)	Un salaud (insulte)
Je me casse	Je m'en vais
J'avais envie de crâner	J'avais envie de frimer, de faire le prétentieux, le brave
Costaud	Fort
Je suis à la bourre	Je suis en retard
Il cocotte	Il se parfume/Il sent mauvais
Lauréat	Quelqu'un qui a reçu un prix, une récompense

Voici des extraits du script où quelques-uns de ces mots sont présents. Regardez bien comment ils sont utilisés dans le contexte, puis et faites des phrases avec ces mots. Comparez vos phrases avec celles de vos camarades.

a. Mme Gueguen aux étudiants le premier jour de classe : Pour bien commencer l'année on va mettre les choses au point. Je vous demande vos **écouteurs**, vos **casquettes**, les chewing-gums, dans cette classe c'est interdit.

b. Mme Gueguen à la classe : Vous êtes six ou sept à avoir **la moyenne** et j'ai seize notes en dessous de cinq.

c. Jamila : J'ai pas validé ma carte de **cantine**, est-ce que je peux y aller ?

d. Mme Gueguen à Mélanie : C'est une catastrophe ! C'est quoi ça ? Tu vas faire quoi ?
Mélanie : Je vais faire **chômage** à vie !

e. La **crânerie**, la moindre des choses qui nous accrochait à la vie, il fallait en profiter.

Pendant Le Film

 ### Exercice 4. Vrai ou faux ?

Indiquez si les affirmations sont vraies ou fausses.

1. *Travail, Famille, Patrie* est la devise de la France pendant la Seconde Guerre mondiale.   V   F

2. La remplaçante, Madame Lemoucheux, est mariée.   V   F

3. Léon Zyguel était un jeune adulte quand il a été déporté.   V   F

4. Yvette est la mère de Malik.   V   F

5. Madame Gueguen est attaquée par l'agresseur de Jamila, puis défendue par Malik.   V   F

6. La visite au Mémorial de la Shoah à Paris est un succès.   V   F

7. Certains étudiants ne veulent pas étudier la Shoah, car pour eux on parle trop souvent des juifs.   V   F

8. Malik apprend l'anglais grâce à des chansons américaines.   V   F

9. Olivier (Brahim) est musulman, mais ne va pas souvent à la mosquée.   V   F

10. Camélia, qui est amie avec Malik, est de confession juive.   V   F

11. Léon Zyguel et ses frères ignoraient le sort de leur père quand il a dû aller à l'infirmerie.   V   F

12. Yvette donne à Mélanie un exemplaire du livre de Anne Frank.   V   F

 ### Exercice 5. Questions à choix multiples

Choisissez la bonne réponse d'après ce qui se passe dans le film.

1. Au début on voit une jeune fille du lycée, portant un foulard, venir récupérer son attestation de réussite au bac. S'ensuit une querelle. Pour quelle raison ?
   a. Le foulard dans une école publique est interdit par la loi
   b. Elle n'est plus étudiante et doit aller le chercher au ministère de l'Education nationale
   c. Elle n'a pas respecté la loi pendant quatre ans alors qu'elle étudiait au lycée

2. Un jour Madame Gueguen est obligée de s'absenter. Pour quelle raison ?
   a. Elle a dû se faire opérer à l'hôpital
   b. Elle a perdu sa mère
   c. Elle est partie faire une conférence sur l'Holocauste

3. Selon la professeure, pour quelle raison le problème de la Palestine n'est pas considéré comme un génocide ?
   a. Le problème est trop récent pour être considéré comme génocide
   b. Un génocide est considéré comme tel lorsque le nombre de morts dépasse le million
   c. Un génocide est le résultat d'une politique systématique d'éradication intentionnelle, d'un groupe national, ethnique ou religieux
4. Une élève montre un poster où l'on voit le maréchal Pétain comme protecteur des enfants. Quel est son sentiment ?
   a. C'est un message de propagande
   b. C'est un message mensonger
   c. Le message est ironique, car le gouvernement de Pétain a collaboré avec les Nazis
5. Léon Zyguel a réussi à garder l'espoir et le goût de la vie grâce à quelle raison ?
   a. Il est très religieux et a une foi inébranlable
   b. Il avait ses frères pour le protéger
   c. Il imaginait son retour à Paris et comment il allait impressionner ses amis avec ses histoires
6. Qu'est-ce que le Serment de Buchenwald ?
   a. La déclaration de la solution finale pour l'extermination des juifs
   b. Une déclaration pour continuer le combat jusqu'à l'éradication définitive du nazisme
   c. Un hymne à la gloire du nazisme que devait chanter les prisonniers
7. Madame Lévy (la voisine) demande à Malik de s'occuper de son perroquet, Elvis, car
   a. Elle part en voyage en Algérie
   b. Elle part en voyage en Italie
   c. Elle part en voyage en Israël
8. Madame Gueguen fait cours sur le thème religieux de l'enfer et du paradis. Pour quelle raison choque-t-elle certains élèves ?
   a. Elle dit que dieu est une invention de l'homme
   b. Elle dit que les images religieuses médiévales étaient de la propagande
   c. Elle dit que les images religieuses médiévales plaçaient les musulmans en enfer
9. Jamila se fait agresser dans un escalier de l'école. Les garçons lui reprochent
   a. De ne pas être musulmane pratiquante
   b. De s'habiller à la mode occidentale
   c. De ne pas leur prêter assez attention
10. Un jour Max rentre en classe visiblement choqué par la collaboration de l'Etat français
   a. Il aurait pu éviter la mort des enfants juifs qui avaient moins de 16 ans
   b. Il ne savait pas que les Tziganes, communistes et homosexuels étaient aussi tués
   c. Il ignorait que le décompte officiel de la Shoah était de six millions de morts

 Exercice 6. Contextualisation historique et sociologique

Le film mentionne un certain nombre de personnages historiques dont les noms sont plus ou moins familiers avec les élèves de la classe. Pour chacun d'entre eux, essayez, en groupes, de trouver des informations en recherchant sur internet deux éléments biographiques significatifs.

1. Anne Frank

   _____

   _____

2. Pierre Laval

   _____

   _____

3. Maurice Cling

   _____

   _____

4. Philippe Pétain

   _____

   _____

5. Simone Veil

   _____

   _____

6. Léon Blum

   _____

   _____

  Exercice 7. Du devoir de mémoire au travail d'histoire

La mémoire d'un peuple, d'un pays, d'une nation concerne tout le monde. Avec la disparition progressive des acteurs de la Résistance et des rescapés des camps, le devoir de mémoire est de plus en plus crucial. Avec un ou une partenaire, répondez aux questions. Ensuite, comparez vos réponses avec la classe.

1. Yvette la documentaliste dit aux élèves : « L'histoire il ne faut pas l'apprendre, il faut la comprendre. » Quelles réflexions vous inspire cette phrase ?
2. En quoi cette histoire vous concerne-t-elle aujourd'hui ? Doit-on se souvenir d'autres génocides similaires ? Lesquels ?
3. Le racisme est-il le même à l'époque du fascisme et aujourd'hui ?
4. A votre avis, que signifie le titre du film ? Qui sont les héritiers ? Quel est l'héritage qu'ils assument ?
5. Qui furent les victimes du système concentrationnaire nazi ? Qui a mis en place ce système et pourquoi ?
6. On parle souvent du nazisme, mais il y a bien d'autres crimes qu'on oublie, tout aussi graves, tel que l'esclavage ou la colonisation. Qu'en pensez-vous ?

Exercice 8. Le bon ordre

Avec un ou une camarade de classe, écrivez et mettez les images en relation avec les dialogues qui correspondent. Pour chaque photo du film dans la première colonne, trouvez la phrase qui va avec, dans la troisième colonne. Notez dans la deuxième colonne quel personnage l'a dite dans le film. Pour ceci, essayez de vous rappeler dans quelle circonstance, à quel moment, pourquoi, etc.

1.		a. 29 communautés vivent en harmonie dans ce lycée, et je tiens à ce que cela continue.
2.		b. Il se cocotte le petit Malik...
3.		c. C'est très bien d'avoir une idée originale, mais si le fond ne suit pas, ça marche pas.
4.		d. Écoute, tu sais rien de ce que je vis et de ce que je fais, alors garde pour toi tes réflexions, d'accord?
5.		e. Je te fais juste un rappel, c'est tout.
6.		f. En tant que lauréat du Concours national de la Résistance et de la Déportation, vous êtes attendus le 18 juin à 17 h pour la cérémonie officielle de remise des prix.
7.		g. Quelle est la différence entre un génocide et un massacre de guerre?
8.		h. Je m'en fous de tes règles, moi!

9.		i.	J'avais 15 ans. Ma vie venait de basculer. Je ne savais plus où j'en étais.
10.		j.	Vous nous avez dit qu'il n'y a pas d'images innocentes, et en fait quand on regarde bien on a l'impression que les enfants qui sont à côté de Pétain, ils sont protégés.

Après Le Visionnement Du Film

 Exercice 9. On discute

En groupes, répondez aux questions sur le film.

1. Les écoles publiques en France sont laïques. Qu'est-ce que ça veut dire ? Que revendiquent les deux jeunes filles dans la première scène du film ? Est-ce que les écoles publiques dans votre pays sont laïques ? Est-ce une bonne chose ? Pourquoi ?
2. Est-ce que le manque de discipline dans les classes vous a surpris (pensez à la scène avec la remplaçante, Madame Lemoucheux) ? Pourquoi croyez-vous que les élèves se comportent comme ça ?
3. Comment sont les professeurs ? Le prof de math ? La prof de littérature ? Et Madame Gueguen, la prof d'histoire-géo ?
4. Parmi le groupe d'élèves, qui est votre personnage préféré ? Et celui ou celle que vous aimez le moins ? Expliquez vos choix.
5. Comment est-ce que Madame Gueguen a réussi à changer le comportement et la façon de penser de ses élèves ? Qu'a-t-elle fait de remarquable et d'extraordinaire ?
6. Pourquoi est-ce que la classe hésite à se lancer dans ce projet (le Concours national de la Résistance et de la Déportation) ? Quelles sont leurs objections ?
7. Quand Madame Gueguen parle à la classe de génocide et de massacre pour en tracer les différences, les élèves citent Corneille, un chanteur de rap. Pourquoi ? Comment la culture pop peut-elle aider à comprendre la société ? Êtes-vous vous-mêmes influencés par des chanteurs (ou chanteuses) célèbres ? Par qui ? Comment ? Pourquoi aimez-vous leurs chansons ?
8. Pourquoi est-ce que tous les élèves se lèvent lorsque Léon Zyguel arrive dans la classe au bras de Madame Gueguen ? Pourquoi a-t-il un rôle déterminant ? Comment réagit la classe après qu'il ait raconté son histoire ?
9. Qu'apprennent les étudiants en préparant ce concours ? Quelles leçons en tirent-ils ?
10. Pour préparer le concours les étudiants doivent travailler en groupes et collaborer entre eux. Aimez-vous travailler en groupes ? Pourquoi ? Est-ce que l'apprentissage est plus efficace ou moins efficace de cette façon ? Expliquez votre réponse.
11. Le film est basé sur une histoire vraie. Léon Zyguel joue son propre rôle pour raconter son histoire. Est-ce que l'impact est plus fort ? Le message plus puissant ?

12. Avant le générique, les spectateurs peuvent lire où sont les personnages du film dans la vie réelle. Quelles sont vos réactions? «Sur les 27 élèves de la 2nde 1, 20 ont eu leur baccalauréat avec mention. Malik est scénariste et comédien. Anne Angles enseigne toujours l'histoire au lycée Léon Blum. Léon Zyguel continue à témoigner.»

13. Quel est le message du film?

14. Discutez la fin du film, où l'on voit Madame Gueguen avec sa nouvelle classe à la rentrée scolaire, qui est exactement comme celle l'année précédente. Pourquoi? Qu'est-ce que cela indique?

 Exercice 10. On rédige

Traitez un ou plusieurs sujets au choix. N'oubliez pas de justifier vos arguments et vos opinions, et de donner des exemples.

1. Madame Gueguen est une professeure qui sait inspirer et pousser ses étudiants à prendre des risques et à croire en eux. Est-ce que vous avez eu, ou vous avez maintenant, un ou une prof qui vous pousse, vous encourage à faire mieux et plus, et pour qui/grâce à qui vous voulez réussir? Si oui, élaborez votre réponse. Si ce n'est pas le cas, est-ce que dans votre vie personnelle vous avez eu, ou vous avez aujourd'hui, quelqu'un comme Madame Gueguen qui vous a soutenu et a cru en vous, de sorte que vous avez accompli ce que vous croyiez impossible? Élaborez votre réponse.

2. Sur l'affiche du film, on peut lire cette phrase: «En comprenant l'histoire, ils vont forger la leur.» Expliquez ce que ça veut dire et la portée de cette phrase.

3. Toute la classe est bouleversée par l'histoire de Léon Zyguel. Les étudiants sont aussi troublés par tant de morts, dans des circonstances si cruelles, surtout chez les enfants et les bébés. Y a-t-il une période, depuis que vous êtes né, qui vous trouble et vous émeut plus particulièrement qu'une autre? Justifiez votre réponse.

4. Dans le film on voit la résilience de l'ancien déporté, Monsieur Zyguel, qui est revenu en France en vie, mais aussi la résilience des élèves de la classe qui n'ont pas des vies faciles. Êtes-vous résilient? Avez-vous transformé l'adversité par une lutte pour la vie, sans abandonner l'espoir? Comment et pourquoi? Ou alors, connaissez-vous des gens qui ont survécu les pires atrocités et qui continuent à vivre sans lâcher prise? Développez votre réponse.

 Exercice 11. On réagit

Avec un ou une camarade de classe, écrivez vos réactions sur ces dialogues à double sens, ou humoristiques, ou, au contraire, tragiques du film. Pourquoi, à votre avis, sont-ils significatifs? Quels commentaires et quels sentiments vous inspirent-ils? Analysez-les et comparez vos analyses avec la classe.

1. MADAME GUEGUEN se présente à la classe: J'enseigne depuis 20 ans, j'aime enseigner et de manière générale j'éviterai de vous faire supporter une morosité qui n'est pas la mienne.

2. LA PROF qui enseigne un cours sur l'art dans les églises, comme les mosaïques, et qui demande aux étudiants de commenter où est le prophète sur l'image: Ce qui m'intéresse

c'est votre réaction. Parce que ça prouve que cette image fonctionne. Elle vous fait réagir. Parce que c'est une image de propagande. Il n'y a pas d'image innocente.

3. Dialogue entre la prof et ses étudiants, quand elle leur annonce qu'elle voudrait qu'ils se présentent à un concours :

   MME GUEGUEN : J'ai pensé à un projet que vous pourrez faire ensemble : un concours.

   UN ÉTUDIANT : Un concours de beauté ?

   MME GUEGUEN : Pas un concours de beauté, non. C'est le Concours national de la Résistance et de la Déportation. Chaque année il y a 50 000 élèves qui font ce concours en France.

   UN ÉTUDIANT : Ça a l'air d'être un truc d'intello, ça.

4. LÉON ZYGUEL parlant de son père avant d'être emporté au centre sanitaire : Mais lui, il a joué le même jeu : vous inquiétez pas les enfants, on va me soigner, je vais revenir, vous verrez, on va se retrouver. Mais il savait que c'était pas vrai. Il est parti. Bien sûr, on l'a jamais revu.

5. Max entre dans la classe, outragé :

   MME GUEGUEN : Ça va pas, Max ?

   MAX : Ils auraient pu être sauvés Madame, les enfants ; les Allemands, ils en voulaient pas du tout en dessous de 16 ans. Cet enfoiré de Laval, c'est lui qui les envoyait rejoindre leurs parents, alors que leurs parents étaient déjà morts, cramés, et personne n'a rien fait, personne n'a rien dit. Il a tué des gosses, des bébés qui auraient pu être sauvés.

6. MADAME GUEGUEN à ses étudiants quand leur projet a été terminé : Brièvement, j'ai une chose à vous dire et c'est que je suis fière de vous.

   LES ÉTUDIANTS : Merci Madame.

   MME GUEGUEN : Je suis même très fière. Quel que soit le résultat du concours, nous avons fini, nous sommes arrivés jusqu'au bout. Vous êtes allés jusqu'au bout. Tous ensemble. Voilà !

Exercice 12. On analyse

En groupes de quatre à cinq, dites pourquoi ou en quoi ces scènes sont significatives. Discutez de l'humour, l'ironie, les jeux de mots, etc.

1. Première scène du film où l'une des deux filles voilées vient chercher son attestation de réussite au bac.
2. Scène où les étudiants sont dans une cathédrale avec Madame Gueguen.
3. Scène où il n'y a, au début, que deux étudiants dans la classe pour travailler sur le concours avec Madame Gueguen et Yvette, l'assistante.
4. Scène où les étudiants travaillent en harmonie sans avoir attendu que Madame Gueguen soit arrivée avec Yvette.
5. Scène où Malik regarde un film en anglais et répète toutes les répliques qu'il connaît par cœur.

6. Scène où Olivier (Ibrahim) fait des remontrances à Malik parce qu'il n'est pas allé à la mosquée depuis un mois.
7. Scène de la cérémonie de remise des prix, où on entend les mots du ministre de l'Education nationale et on voit les ballons blancs s'envoler avec les noms des victimes du génocide juif.

 ## Exercice 13. A vous de tourner!

En groupes, faites des recherches sur les sujets suivants.

1. Dans le film, les étudiants visitent le Mémorial de la Shoah à Paris. Faites une visite virtuelle en allant sur le site du Mémorial de la Shoah sur internet (vous pouvez trouvez un lien aussi à la fin du chapitre) et répondez aux questions :
   a. Cliquez sur Pédagogie et Formation, puis sur Ateliers pédagogiques. Quels sont les ateliers qui sont offerts ? Auquel aimeriez-vous assister ? Pourquoi ?
   b. Cliquez sur Le Mémorial, puis sur Actualités. Quels événements ont lieu ? Lequel vous intéresse le plus ? Pourquoi ?
   c. Cliquez sur Archives et Documentation, puis sur Les génocides du XXe siècle. Lequel vous impressionne le plus ? Pourquoi ?
2. Il y a une scène dans le film où deux étudiants sont assis dans une classe vide et fredonnent les paroles de *La vie est belle* de Corneille. En groupes, écoutez la chanson, cherchez les paroles et commentez-les. Pourquoi les paroles de *La vie est belle* sont significatives ? Quel est le message que veut transmettre le chanteur ? Pourquoi les étudiants font plusieurs fois référence à Corneille dans le film ?
3. En groupes, cherchez des articles sur «la vraie» prof, Anne Anglès, qui a inspiré le personnage d'Anne Gueguen et partagez vos impressions avec la classe. Est-ce que la vraie prof est différente de la prof du film ? Pas seulement physiquement, mais aussi son style pédagogique. Comment Anne Anglès a marqué son ancien étudiant Ahmed Dramé ?
4. Lisez cet article sur Léon Zyguel qui est décédé à 87 ans, le 29 janvier 2015. Et répondez aux questions. Faites une recherche sur internet avec les mots clés *Mort de Léon Zyguel* et *BFMTV* (vous pouvez aussi trouver le lien à la fin du chapitre) :
   a. Que dit de lui François Hollande (ancien président de la République) ?
   b. Que dit de lui le Front de gauche de Montreuil à propos de son humanité et de sa personnalité ?
   c. Commentez les propos de la ministre de l'Education nationale : «Sa mémoire ne s'éteindra pas tant qu'il y aura des héritiers pour la transmettre.» (Le film est sorti un an avant sa mort.)
   d. Qu'avait témoigné Zyguel dans le journal l'Humanité ? Commentez ses paroles.

Exercice 14. Les pronoms pour éviter les répétitions

Regardez les phrases suivantes et les pronoms qu'elles contiennent, puis identifiez-les (complément d'objet direct ou indirect, pronoms toniques), expliquez leur usage (pourquoi un pronom plutôt qu'un autre), ainsi que leurs emplacements (pensez au temps verbaux).

Par exemple : Vous devez **vous** soumettre à la loi
vous : pronom qui remplace une personne ou plusieurs personnes. C'est un COD (complément d'objet direct) dans cette phrase, mais *vous* peut être aussi COI (complément d'objet indirect). Il est placé devant un verbe à l'infinitif.

1. Tu sais pourquoi on **te l'**a refusée ? (L'attestation de réussite au bac.)
2. Qui **t'**empêche de **la** respecter (la loi) une fois de plus.
3. Mais je parle à des gens qui font semblant de **m'**écouter, semblant de **me** regarder ; là, vous **me** voyez ?
4. Je **vous** écoute.
5. C'est **lui** qui **m'**a cherché.
6. Vous ne **l'**aurez pas ce bac.
7. Vous avez le droit de **nous** aider si on **le** fait (le concours) ?
8. **Moi**, j'ai beaucoup plus confiance en **vous**.
9. [...] il faut maintenant **leur** trouver des excuses (aux étudiants).
10. L'histoire, il faut pas **l'**apprendre, il faut **la** comprendre.
11. Ce qui est important, c'est votre réflexion à **vous**.
12. Arrête-**toi**, je **te** dis !
13. Pour **moi**, tu resteras toujours Olivier.
14. C'est **toi** le problème.
15. Quand je **vous** ai proposé de faire ce concours, je voulais que nous **le** fassions de manière collective.
16. Imaginez le désespoir d'un papa [...] quand on vient **lui** annoncer [...] tu as trois de tes enfants qui viennent d'arriver au camp.
17. Casse-**toi** !
18. Je suis descendu avec **eux**.
19. Je crois à **vous** qui êtes là. Pour **moi**, il n'y a pas de Dieu.

 ## Exercice 15. Les pronoms

Utilisez les pronoms appropriés dans ces phrases tirées du film pour remplacer les mots soulignés.

1. C'est <u>Laval</u> qui envoyait <u>les enfants</u> rejoindre leurs parents.
2. Je suis fière de <u>la classe</u>.

3. Bon, alors Théo, vous ouvrez l'enveloppe bleue et vous lisez l'enveloppe bleue, je n'en peux plus! [Les étudiants:] Dépêche Théo!
4. Les chewing-gums c'est interdit, alors vous mettez les chewing-gums dans votre poche.
5. Il a encore le tatouage sur le bras? Oui, il a toujours le tatouage.
6. On parle des gens tués [...] et on pourrait lâcher des ballons avec leurs noms pour remercier les gens tués.
7. Il a regardé *à moi* et il a dit *à moi*, je vais faire *à toi* quelque chose de bien.

 ## Exercice 16. D'autres pronoms

Dites ce que remplacent les pronoms *y* et *en* dans les phrases suivantes ainsi que leur usage.

1. Mélanie: Je n'ai pas validé ma carte de cantine. Est-ce que je peux **y** aller? Mme Gueguen: Il fallait **y** penser avant.
2. Mme Gueguen: Vous **en** rêvez.
3. Mme Gueguen: Les sujets du concours, il faut **en** parler comme des élèves, il faut **en** parler comme des enfants.
4. La classe à Olivier: Vas-**y**!
5. Léon Zyguel: La crânerie, la moindre des choses qui nous accrochait à la vie, il fallait **en** profiter.
6. Mme Gueguen à Malik: Vous n'**y** arriverez pas.

 ## Exercice 17. Soyez logiques!

Remplacez les pronoms de l'exercice 16 par des mots, de façon logique, selon ce qui se passe dans le film.

Par exemple: a. Est-ce que je peux **y** aller?
Est-ce que je peux aller **à la cantine**?

1. _____
2. _____
3. _____
4. _____
5. _____
6. _____

Exercice 18. C'est bien français !

Dans le film, il y a des mots qui viennent du système scolaire ou des mots qui s'utilisent dans des contextes particuliers. Nous allons y jeter un coup d'œil pour essayer de comprendre leur sens :

1. Les étudiants, quand ils ont une remplaçante parce Mme Gueguen est absente, jouent à **Jacques a dit** → En quoi consiste ce jeu ? Y a-t-il le même dans votre pays ? Comment il s'appelle ? Est-ce que la traduction est la même ? Similaire ? Ou complètement différente ?

2. Je ne vais pas enlever mon **foulard** → Dans la première scène du film, les jeunes filles ne veulent pas enlever le foulard. Bien que ce soit le même mot en anglais, il a, en français, deux sens. Vous savez lesquels ? Dans le cas du film, que veut dire foulard ?

3. **Terminales** 1 et 2 → Les mots terminal/terminale ont plusieurs sens selon le contexte :
—Le nouveau terminal de l'aéroport à Orly a été rénové récemment. Quel est le sens de terminal ici ?
- La phase terminale du traitement est la moins douloureuse ; les terminales 1 et 2 au lycée Léon Blum ont 25 étudiants chacune. Quelle est la signification de terminale (au féminin) dans ces deux phrases ?

4. Il n'y a rien dans vos **copies** → Quand c'est un nom le sens est différent que lorsque c'est le verbe copier : Les étudiants ont copié les réponses de Wikipédia. Savez-vous quelle est la différence entre le nom et le verbe ?

5. Les étudiantes qui se font les ongles en classe de math disent au prof qui leur demande d'arrêter : «Non, mais ça **sèche** » ; le prof répond : «Tu verras qui va **sécher** la semaine prochaine ! » → Que veulent dire ces deux phrases qui utilisent le même verbe sécher.

6. Comme support, dans les églises il y a des **tympans**. → Que veut dire **tympans** dans cette phrase ? Et dans celle-là : quand l'avion décolle, j'ai mal aux **tympans** et il faut que je mâche du chewing-gum.

7. Alors, qu'est-ce qu'on fait ? **Avertissement** ? Evidemment ! → Dans le contexte scolaire ou du travail, un avertissement est une mesure disciplinaire. Par contre, dans la lutte contre le tabagisme, on voit sur les paquets de cigarettes des **avertissements** comme «Fumer tue », ou «Les fumeurs meurent prématurément», «Fumer provoque le cancer mortel du poumon», etc. Que veut dire avertissement dans ce contexte ? De quel verbe vient le mot avertissement ? Y a-t-il des avertissements dans votre pays sur les paquets de cigarettes aussi ? Que disent ces avertissements ?

Les Liens Internet

Mémorial de la Shoah : www.memorialdelashoah.org
Article sur Léon Zyguel : www.bfmtv.com/societe/mort-de-leon-zyguel-deporte-et-temoin-au-proces-de-maurice-papon-860597.html

INDEX

ABOUT THE AUTHORS

Véronique Anover is a native of France and Spain (Bordeaux and Madrid, respectively), who earned her PhD from Florida State University. Her area of expertise is second language acquisition, and her research interests include visual culture as well as French and Spanish peninsular contemporary literature. Anover is a professor of French and Spanish at California State University San Marcos. She is currently the associate dean of curriculum, academic programs, and student success. Anover has published introductory textbooks in French and Spanish (*A vous!*, *Plazas*, and *Viajes*), and she has been the recipient of several teaching awards.

Rémi Fournier Lanzoni, a native from Lyon, France, earned his MA in French from the University of South Carolina at Columbia and his PhD in French from Florida State University. He earned a second PhD in Italian from the University of North Carolina at Chapel Hill. Lanzoni is an associate professor of Romance languages at Wake Forest University. His research interests include historical approaches of French and Italian cinemas. He has written several books, including *French Cinema: From Its Beginnings to Present*, *Comedy Italian Style: The Golden Age of Italian Film Comedies*, *Maugis d'Aigremont, chanson de geste*, and *French Comedy on Screen: A Cinematic History*.